INTERDIT AUX FEMMES

NATHALIE COLLARD

PASCALE NAVARRO

INTERDIT AUX FEMMES

*Le féminisme et la censure
de la pornographie*

BORÉAL

Les Éditions du Boréal sont inscrites au Programme de subvention globale du Conseil des Arts du Canada et reçoivent l'appui de la SODEC.

Conception graphique : Gianni Caccia
Photo de la couverture : Louis Pierson, *La comtesse Castiglione,* vers 1860, New York, Metropolitan Museum of Arts, fonds David Hunter MacAlpin, 1947.

Diffusion au Canada : Dimedia
Diffusion et distribution en Europe : Les Éditions du Seuil

Données de catalogue avant publication (Canada)
Collard, Nathalie, 1966-
    Interdit aux femmes : le féminisme et la censure de la pornographie
    Comprend des références bibliographiques
    ISBN 2-89052-755-7
    1. Pornographie - Censure. 2. Féminisme.
I. Navarro, Pascale, 1962-   II. Titre.
HQ471.C645 1996 363.4'7 C96-940248-1

À Richard.

À Jackie et à Andrée.

REMERCIEMENTS

À Richard Martineau pour son encouragement; à Alain Brillon pour ses judicieux conseils; à Jacques Boivin, à Stéphane Gélinas et à Harvey Blackman pour leurs témoignages; à Marie-Stéphane Bérubé, au personnel de la librairie L'Androgyne et à Diane Lemieux pour leur précieuse aide.

INTRODUCTION

FÉVRIER 1993. La journée du 8 mars approche à grands pas. Au journal *Voir,* on se creuse les méninges pour trouver une façon originale de souligner cette journée des femmes sans tomber dans les clichés habituels. Surtout, pas question d'interviewer la féministe de service ou de dresser un bilan des gains obtenus par les femmes au cours de la dernière année.

Cela faisait plusieurs fois que nous entendions parler de saisies de livres par des douaniers canadiens un peu trop zélés. À peu près au même moment, nous tombons par hasard sur un excellent dossier de la revue britannique *Index on censorship* consacré aux féministes qui s'opposent à la censure de la pornographie. C'est ainsi que nous découvrons l'existence d'un groupe qui se nomme Feminists for free expression et que nous est venue l'idée de parler de la censure de la pornographie.

Après un mois de recherche intensive qui nous aura permis, entre autres choses, d'interviewer Marcia Pally (porte-parole new-yorkaise de FFE) et la « performeuse » Annie Sprinkle, nous publions notre article dans *Voir.* Les réactions ne se font pas attendre. La plupart des lettres que nous recevons sont hargneuses, agressives et, surtout, leurs auteurs ne semblent pas du tout ouverts à la discussion. Typique. Parmi le volumineux courrier, une lettre de MédiAction, sorte de police féministe radicale qui milite contre le sexisme dans les médias. Toutes ces lettres ressassent les mêmes arguments qui existaient il y a vingt ans. On nous dit que nous confondons liberté de commerce et liberté d'expression et que nous avons sûrement assimilé les valeurs patriarcales de notre entourage puisque nous tenons des propos antiféministes. Déprimant, même si ces réactions ne nous surprennent pas tellement. Plus difficile à comprendre est le silence des féministes au moment où des livres écrits par des femmes ont été jugés obscènes, pornographiques ou subversifs, puis saisis par des douaniers canadiens. Où étaient-elles, les militantes, quand est venu le temps de défendre la liberté d'expression de ces femmes, de toutes les femmes ? À nos yeux, le féminisme a toujours incarné une garantie permettant que l'on puisse s'exprimer librement, exercer le métier ou la profession de son choix, agir sans contraintes en toutes circonstances. Bref, être libres. Or le féminisme ne peut garantir la liberté d'expression tout en étant en faveur de la censure, ainsi que le font la plupart des groupes qui interviennent dans ce débat depuis quelques années. C'est une attitude d'autant plus surprenante que, à la différence de la plupart des mouvements idéologiques, le féminisme n'a jamais employé la force pour faire sa révolution. Au contraire, il a plutôt favorisé le dialogue, l'expression, l'ouverture et l'égalité.

Le féminisme pro-censure considère la pornographie comme un bloc monolithique qui doit être anéanti. On reproche à la pornographie de dégrader l'image des femmes. Pourtant, la situation n'est plus la même qu'en 1970 ou qu'en 1980. D'une part, de plus en plus de féministes dénoncent les pièges de la censure, et ce pour plusieurs raisons : la censure n'est pas une solution à la violence faite aux femmes, elle est désapprouvée par bon nombre de femmes qui travaillent dans le milieu de la pornographie et contribue à diaboliser la sexualité féminine. D'autre part, la pornographie actuelle comporte de nouveaux éléments. Ainsi, plusieurs femmes produisent elles-mêmes du matériel pornographique, et des « performeuses » comme Annie Sprinkle et Susie Bright, même si elles restent marginales, attirent les foules avec leurs spectacles-réflexion sur le sexe. Des actrices de films pornos deviennent productrices et prennent leur destinée en main. On ne peut ignorer ces faits lorsqu'on discute de censure et de liberté d'expression. Les féministes en faveur de la censure sont-elles prêtes à nier cette nouvelle donne et à continuer de prétendre que la censure ne représente aucun risque pour les femmes ?

Nous sommes nées après 1960, nous n'avons jamais milité au sein de groupes de femmes et nous ne sommes membres d'aucune association féministe. Nous avons lu la plupart des numéros de *La Vie en rose* dans la section « archives » des bibliothèques d'université. Pourtant, nous sommes féministes, malgré les sondages qui affirment que les jeunes femmes de notre âge ont toutes renié le féminisme. Pour nous, le féminisme signifie conquérir la liberté, l'égalité, l'équité ; eh oui, il reste encore du boulot. Le féminisme est fondé sur le principe de la liberté d'expression, et cela est inconciliable avec la censure même si on prétend appliquer cette dernière pour le bien des femmes. Nous n'avons pas besoin de « protection » particulière : il existe des lois et un système judiciaire qui suffisent amplement à fixer les limites de la pornographie. À nous, grâce au travail de sensibilisation, d'éducation et de prévention, de modifier les mentalités ; à nous aussi (avec d'autres) de veiller à ce que les lois soient appliquées dans les cas de violence.

La censure de la pornographie est un sujet brûlant d'actualité. Depuis l'arrivée de l'autoroute électronique, les reportages alarmistes sur la multiplication du matériel porno se succèdent dans les médias. Résultat : on parle de plus en plus de contrôle, de réglementation, de censure. Aux États-Unis, le Sénat, le Congrès et le président ont approuvé une nouvelle loi sur les télécommunications dans laquelle un article prévoit la censure de tout mot ou de toute image jugés pornographiques, sans qu'on précise pour autant le sens du mot « pornographie ». La montée de la droite, tant aux États-Unis qu'au Canada, ne fait qu'amplifier ce mouvement de rectitude morale qui balaie l'Amérique du Nord. Chaque déclaration d'un Pat Buchanan ou d'un Mike Harris donne l'impression qu'on recule de dix ans. Même les démocrates et les libéraux sont happés par cette force vive qui consiste à tout vouloir encadrer, contrôler, réglementer.

C'est presque devenu un cliché que de dire que nous vivons à l'ère de l'image. Pourtant, c'est vrai. Nous avons grandi avec la télévision, et le magnétoscope a rapidement fait partie de notre paysage quotidien. Qu'on ne vienne donc pas nous sermonner sur le pouvoir des images. On connaît. L'Image, on sait l'analyser, la décortiquer, la comprendre. Le danger, selon nous, ce n'est pas de se laisser séduire par les images mais bien de croire que, en s'y attaquant, on règle de vrais problèmes. Malheureusement, c'est ce que trop de bonnes âmes pensent. « Arrêtez de montrer des top model faméliques et l'anorexie va disparaître du jour au lendemain. » « Éliminez la violence du petit écran et nous vivrons dans un monde pacifique. » « Supprimez la porno et les femmes ne seront plus victimes de la violence des hommes. » Et quoi encore !

Nous en avions assez de ce discours à sens unique. Nous avions envie de dire qu'au Québec aussi il existe des féministes pour qui la censure de la pornographie est loin d'être une solution.

Lorsque nous parlons de pornographie, il ne s'agit évidemment pas de pédopornographie, ni de bestialité, ni de nécrophilie, ni de films *snuff,* tous des crimes sanctionnés par la loi. Ce livre n'est ni une enquête exhaustive sur la pornographie ni son apologie. Nous ne sommes ni sexologues, ni sociologues, ni psychologues. Nous ne sommes pas payées par l'industrie du sexe pour prendre sa défense. Nous croyons tout simplement qu'il ne faut pas laisser à une poignée de censeurs le droit d'interdire aux individus, et aux femmes notamment, de lire, d'écrire et de produire ce qu'ils veulent.

CHAPITRE I

LES BONS SENTIMENTS

ou comment un juge

de la Cour suprême

s'est transformé

en travailleur social

S I ON FAISAIT un sondage au Canada, on découvrirait sans doute que 99,9 % de la population n'a jamais entendu parler de l'arrêt Butler. Pourtant, cette décision de la Cour suprême, rendue le 27 février 1992, a eu des répercussions importantes. Elle a fait du Canada le seul pays occidental où une cour de justice a déclaré que la pornographie était nocive pour la société, en particulier pour les femmes. Par ricochet, la décision Butler a donné encore plus de pouvoirs aux douaniers canadiens. Vous trouvez les douaniers zélés lorsque vous revenez des États-Unis en voiture ? Vous n'avez rien vu. En effet, et la plupart des gens l'ignorent, tous les magazines et les livres en provenance de l'extérieur du pays doivent être approuvés par Douanes Canada avant d'atterrir sur les rayons de notre librairie préférée. Si le contenu d'un magazine n'obtient pas l'approbation des douaniers (qui appliquent très librement les lois canadiennes), tant pis. Au mieux, le magazine est renvoyé à l'expéditeur. Au pire, il est saisi, parfois même brûlé !

Et vous croyiez vivre dans un pays libre !

L'affaire Butler est l'illustration parfaite du désengagement des politiciens qui sentent la soupe chaude et préfèrent laisser au pouvoir judiciaire le soin de trancher certaines questions délicates. Connaissez-vous beaucoup de politiciens qui ont le courage de se lancer dans un débat houleux sur la pornographie ? Non. Voilà pourquoi le dossier de Donald Victor Butler a finalement abouti sur les bureaux des juges de la Cour suprême du Canada.

Voici l'histoire. Nous sommes en août 1987, à Winnipeg, dans la province du Manitoba. M. Butler est propriétaire d'Avenue Vidéo Boutique, une boutique spécialisée dans la vente et la location de vidéocassettes, de magazines pornos et d'accessoires à caractère sexuel, un commerce semblable aux sex-shops de la rue Sainte-Catherine et du boulevard Saint-Laurent, à Montréal. À l'extérieur de la boutique, sur une affiche, les passants peuvent lire ce qui suit : « Avenue Vidéo Boutique ; club privé de matériel vidéo et visuel pour adultes seulement. Avertissement : si le matériel à caractère sexuel vous choque, n'entrez pas. Entrée interdite aux moins de dix-huit ans[1]. » Le message est clair ; la boutique de M. Butler n'est pas le genre d'endroit où vous iriez acheter une carte de vœux pour votre grand-mère.

Le 21 août 1987, la police fait irruption dans le commerce de M. Butler avec en main un mandat de perquisition. Les policiers saisissent tout le matériel du magasin. Donald Victor Butler est accusé, sous 250 chefs, d'avoir vendu des documents et des accessoires obscènes, d'avoir eu en sa possession à des fins de distribution ou de vente des documents et des accessoires obscènes, contrevenant ainsi à l'article 159 (maintenant l'article 163) du Code criminel[2].

Au terme du procès, le juge de première instance chargé d'étudier la cause de Butler conclut que le matériel obscène est protégé par la garantie de liberté d'expression reconnue à l'alinéa 2b de la Charte canadienne des droits et libertés. Il conclut également que l'article 1 de la Charte n'interdit que les documents comportant des scènes de violence ou de cruauté accompagnées d'activités sexuelles, ou toute autre activité considérée comme déshumanisante pour les femmes ou les hommes dans un contexte sexuel, ou, encore, ceux qui montrent des scènes où il n'y a pas consentement au contact sexuel. Résultat : M. Butler est déclaré coupable sous huit chefs d'accusation concernant huit films, mais il est acquitté des autres accusations. Il peut donc retourner chez lui et poursuivre son petit commerce. Du moins, c'est ce qu'il croit. Or le ministère public du Manitoba décide d'aller en appel. Résultat : voilà M. Butler de retour devant les tribunaux. Cette fois, l'interprétation de la loi est loin d'être à son avantage. La Cour d'appel du Manitoba le déclare coupable de tous les chefs d'accusation. Le juge estime que son confrère (le juge Wright, qui a présidé le premier procès) s'est fourvoyé : le matériel obscène saisi au magasin de M. Butler *n'est pas*[3] protégé par la Charte puisqu'il s'agit de la représentation d'une activité physique qui ne tente de transmettre aucun message. Il ajoute que « cette forme d'expression sort du champ de protection de la Charte ». En d'autres mots, ce que dit le juge Huband de la Cour d'appel du Manitoba, c'est que la liberté d'expression a ses limites, et que ces limites excluent le matériel pornographique qui « dégrade » la sexualité humaine. (Que veut-on dire par dégrader ? On ne sait trop.)

L'histoire aurait pu s'arrêter là, mais les avocats de M. Butler décident de porter leur cause devant la Cour suprême du Canada, la plus haute autorité judiciaire au pays. C'est dans les murs de cette noble institution qu'on va concocter le fameux arrêt Butler.

Les commissaires au travail

Nous sommes en 1991. La polémique entourant la pornographie a repris une certaine vigueur depuis le début des années 1980. En 1983, le ministre libéral de la justice, l'Honorable John Crosbie, met sur pied un comité spécial chargé de se pencher sur les phénomènes de la pornographie et de la prostitution au pays. Deux ans plus tard, après avoir entendu des dizaines d'experts et tenu des audiences publiques dans 22 villes canadiennes, le Comité spécial sur la pornographie et la prostitution (mieux connu sous le nom de comité Fraser, du nom de son président, l'avocat Paul Fraser) publie ses conclusions. On y retrouve 105 recommandations. En ce qui a trait à la pornographie, les commissaires insistent : celle-ci ne doit plus être vue sous l'angle de l'immoralité mais bien sous celui d'une atteinte aux droits de la personne, en particulier aux droits des femmes. En d'autres mots, il n'est plus important de chercher à savoir si les images pornographiques sont acceptables ou non d'un point de vue moral, il s'agit plutôt de déterminer l'effet de ces images sur les individus qui y sont exposés. Les commissaires recommandent donc que le mot « obscénité » soit éliminé du Code criminel. Ils ajoutent qu'on devrait définir avec plus de précision ce qu'on entend par comportement, production ou matériel interdits. Enfin, les recommandations prévoient un plus grand encadrement de la circulation du matériel pornographique par des lois précises et proposent qu'on fasse preuve de sévérité lorsque des mineurs sont utilisés pour la production de ce matériel. En ce sens, le comité n'hésite pas à recommander que le gouvernement fédéral accorde une plus grande importance au contrôle de l'importation du matériel pornographique par Douanes Canada et va même jusqu'à suggérer qu'on prévoie au Code des droits de la personne une infraction distincte concernant la pornographie.

Inutile de dire que le rapport Fraser n'a pas gagné de concours de popularité. Encore trop tolérant aux yeux des militants pro-censure, le rapport est beaucoup trop restrictif selon les avocats de la liberté d'expression. Il mène néanmoins à l'élaboration d'un projet de loi (C-54) qui vise à rendre illégale toute forme d'expression sexuelle dans le but, dit-on, de protéger les femmes et les enfants. Cette loi ne sera jamais adoptée. Quant aux deux volumes du rapport Fraser, ils sont probablement remisés sur une tablette du ministère de la Justice et couverts de poussière.

Environ à la même époque, soit en 1984, aux États-Unis, la commission Meese arrive à des conclusions beaucoup plus sévères que son vis-à-vis canadien. Composée en grande partie de conservateurs (certains observateurs n'hésitent pas à parler de noyautage), la Commission est mise sur pied par le président américain Ronald Reagan sous prétexte qu'on aurait découvert des liens entre la pornographie et des comportements qualifiés d'antisociaux. La commission Meese est la deuxième du genre aux États-Unis. En effet, en 1970, le président Richard Nixon avait formé une commission fédérale sur la pornographie et l'obscénité dont les conclusions sont loin d'avoir satisfait les ultraconservateurs tel Reagan, puisque les membres du comité ont conclu qu'il n'existait aucun lien entre la pornographie et les comportements violents. Les commissaires avaient même recommandé l'abolition de toutes les lois américaines sur l'obscénité.

Quatorze ans plus tard, les 11 membres de la commission Meese semblent déterminés à vouloir faire mentir les conclusions de leurs prédécesseurs. Comment ? En accordant majoritairement la parole aux tenants de la censure. Un exemple : au cours de la première audience, 42 militants pro-censure prennent la parole alors que seulement trois défenseurs de la liberté d'expression peuvent s'exprimer. Raison invoquée : manque de temps. Inutile de préciser que les conclusions de la commission Meese insistent sur l'importance d'une réglementation très sévère à l'endroit des producteurs et des consommateurs de matériel pornographique. Des conclusions qui ne seront pas sans provoquer une véritable onde de choc de la part des mouvements qui défendent le premier amendement de la Constitution aux États-Unis, celui qui garantit la liberté d'expression.

Coupable mais non responsable

Quelques années plus tard, toujours chez nos voisins du Sud, une avocate, Catharine MacKinnon, et une écrivaine, Andrea Dworkin, livrent une bataille féroce afin de faire accepter un projet de loi qui permettrait aux victimes de crimes à caractère sexuel de poursuivre, au civil, les producteurs, les distributeurs et les vendeurs de matériel pornographique. En d'autres mots, avec une telle loi, une femme victime d'agression sexuelle pourrait poursuivre les éditeurs de *Playboy,* par exemple, si elle pouvait prouver que le comportement de son agresseur a été influencé par la lecture du magazine. On voit la scène d'ici : « Ce n'est pas ma faute, Monsieur le juge, c'est celle du magazine. »

Et pourtant, ces deux papesses de la lutte contre la pornographie ne sont pas les premières venues. Écrivaine féministe radicale, Andrea Dworkin a publié plusieurs livres dénonçant la pornographie. Quant à Catharine MacKinnon, c'est une avocate réputée qui enseigne le droit à l'Université du Michigan et dont les nombreux ouvrages portent, entre autres sujets, sur le droit et le féminisme.

MacKinnon est sans aucun doute la plus charismatique et la plus médiatique des deux. Grande, mince, chevelure abondante, toujours élégante, elle est souvent le sujet d'articles dans la presse américaine et internationale. En 1994, le *Nouvel Observateur* la reconnaissait même comme l'une des 50 personnes les plus influentes du monde. Sa conception de la pornographie est simple : c'est l'expression littérale de la domination des hommes sur les femmes.

Parmi les définitions du mot « pornographie » retenues par le comité Fraser figure celle du duo MacKinnon-Dworkin telle qu'utilisée dans l'élaboration d'un règlement préparé pour la ville d'Indianapolis. Le voici, comme il est traduit dans le rapport Fraser.

> La pornographie désigne la subordination sexuellement explicite des femmes, graphiquement [*sic*] représentée en mots ou en images et comprenant un ou plusieurs des aspects suivants :
> 1) les femmes sont présentées comme des objets sexuels jouissant de la douleur ou de l'humiliation ;

2) les femmes sont présentées comme des objets sexuels jouissant d'être violées ;

3) les femmes sont présentées, tels des objets sexuels, ligotées, tranchées, mutilées, meurtries ou physiquement blessées ; ou démembrées, tronçonnées, fragmentées ou découpées ;

4) les femmes sont présentées étant pénétrées par des objets ou des animaux ;

5) les femmes sont présentées dans des scénarios d'avilissement, de blessure, d'humiliation, de torture, ou dans des scènes où elles sont sales et inférieures, saignent, sont meurtries ou sont blessées, dans un contexte qui rend ces situations sexuelles[4].

MacKinnon et Dworkin ont également rédigé un règlement à l'intention de la ville de Minneapolis dans lequel on trouve quatre nouveaux éléments en plus de ceux déjà cités :

1) Les femmes sont présentées dépersonnalisées, comme des objets, des choses ou des biens sexuels ;

2) les femmes sont présentées dans des poses de soumission sexuelle ;

3) les parties du corps féminin, notamment le vagin, les seins et les fesses, sont exhibées, de façon telle que la femme est réduite à ces parties ;

4) les femmes sont présentées comme des putains [*sic*] par nature[5].

L'analyse que font MacKinnon et Dworkin de la pornographie est la suivante : la pornographie n'est pas la manifestation d'une quelconque immoralité sexuelle, mais plutôt l'expression d'une misogynie et d'un mépris à l'endroit des femmes, mépris qui s'exprime dans toutes les sphères de la société. La pornographie serait en fait un des nombreux visages de l'inégalité systémique entre les hommes et les femmes. Vue sous cet angle, la pornographie devient donc un problème politique au même titre que l'inéquité salariale ou la discrimination.

Rappelons qu'on parle ici d'images, et non d'actes réels. Or MacKinnon et Dworkin attribuent le même pouvoir aux images et aux actes. Ce faisant, elles minimisent la gravité et les conséquences de phénomènes tels que la violence faite aux femmes. En vérité, et nous le verrons un peu plus loin, l'analyse de MacKinnon et Dworkin mine les efforts de certaines féministes qui, depuis de nombreuses années, tentent de sensibiliser l'opinion publique aux ravages, bien concrets ceux-là, de la violence faite aux femmes.

Les théories du tandem MacKinnon-Dworkin sont toutefois incontournables. Elles ont joué un rôle crucial dans le débat sur la pornographie au Canada. Leurs idées ont été reprises, et le sont encore, par tous ceux et celles qui sont en faveur de la censure. Leur conception de la pornographie et de ses effets est au cœur des conclusions de l'arrêt Butler, une décision qui, faut-il le préciser, a fait les délices de Catharine MacKinnon. Encore un peu et elle déménageait au Canada !

Un Québec monolithique

Nous sommes toujours dans les années 1980. La situation québécoise, pour une fois, n'est pas vraiment distincte. En fait, le mouvement féministe de l'époque est plutôt unanime : la majorité des féministes sont en faveur de la censure, même si certaines d'entre elles reconnaissent qu'il s'agit de la « moins pire » des solutions. C'est l'entrée de la télé payante au pays qui a relancé le débat sur la pornographie. Pour la plupart des femmes, l'arrivée de la chaîne First Choice dans le paysage télévisuel signifiait que des films pornos seraient désormais disponibles à la maison. L'ennemi envahissait le territoire familial ! Dans la presse féminine comme dans la presse générale, les femmes se prononcent en grande majorité pour la censure.

Les féministes sont, il faut l'avouer, loin d'être les seules à militer en faveur de la censure. Au Canada (et encore une fois, le Québec n'y échappe pas), le lobby pro-censure est en fait un joyeux mélange de gens qui, en temps normal, ne partageraient sans doute pas la même banquette d'autobus. Outre les féministes, y figurent des membres de l'Église catholique, des politiciens (dont le très actif Caucus de la famille, qui a beaucoup sévi sous le règne du gouvernement Mulroney), des membres des groupes d'extrême-droite ainsi que de charmantes dames regroupées sous la bannière des REAL Women dont l'aspiration suprême se résume à vouloir ramener la femme à ses chaudrons. Beau portrait de groupe. Inutile d'ajouter que les féministes se trouvent dans une situation plutôt inconfortable, coude à coude avec des gens et des groupes qui leur veulent rarement du bien.

Seule exception dans ce tableau si harmonieux : Women against censorship, un groupe composé de féministes canadiennes-anglaises tous azimuts. En 1985, elles publient un recueil d'essais[6] dans lequel elles signalent les nombreux dangers de la censure. Inquiètes de ses répercussions, les auteures insistent sur le fait que la censure n'est pas une solution. En fait, disent-elles, la censure est une arme qui ne peut que se retourner contre les femmes qui cherchent à modifier en profondeur le *statu quo*. Les vrais changements devraient se faire ailleurs selon elles : il faudrait élaborer un meilleur système d'éducation, mettre sur pied des politiques familiales adéquates, réformer les politiques et les lois qui touchent la vie quotidienne des femmes.

Toutefois, les positions du collectif Women against censorship sont loin d'être partagées par la majorité des Canadiens. En fait, au moment où les juges de la Cour suprême du Canada s'apprêtent à entendre la cause de Donald Victor Butler, l'opinion générale penche plutôt pour une censure de la pornographie.

Mesdames, nous voulons votre bien… et nous l'aurons

L'arrêt Butler a été rendu par la Cour suprême le 27 février 1992. Personnage central de cette affaire : le juge Sopinka, dont l'interprétation de la loi se trouve au cœur de la décision de la Cour suprême du Canada. Avec ses collègues, le juge Sopinka est arrivé à la conclusion suivante : la pornographie représente un danger pour les femmes. Il faut donc restreindre le matériel pornographique qui les dégrade ou qui les déshumanise. Le juge Sopinka va plus loin. Il déclare que des problèmes sociaux graves telle la violence faite aux femmes requièrent l'adoption par le gouvernement de solutions à plusieurs volets. Selon lui, la législation serait l'une de ces solutions. Voilà notre bon juge transformé en travailleur social ! Par ailleurs, la Cour suprême reconnaît la pornographie comme une forme de liberté d'expression. Mais on s'empresse d'ajouter que la prévention de la violence est plus importante que la liberté d'expression. Ainsi, la plus haute cour de justice du Canada n'hésite pas à déclarer que des images peuvent être dangereuses pour les femmes.

Vous demandez-vous qui est le grand perdant dans toute cette affaire ? Est-ce Donald Victor Butler ? Non. Ce sont sans contredit les femmes car, encore une fois, d'autres ont pris une décision en leur nom. Il ne faut surtout pas se faire d'illusion ! La Cour suprême a peut-être donné l'impression de céder aux pressions des groupes féministes en faveur de la censure, mais la vérité est que les juges ont validé un courant conservateur de plus en plus fort au sein de la société canadienne. Les féministes qui, hier, se réjouissaient de l'arrêt Butler seront peut-être les premières à s'en mordre les doigts demain.

Les effets de l'arrêt Butler

Le lendemain du jugement Butler, la terre n'a pas cessé de tourner. Les sex-shops et autres boutiques spécialisées au Canada sont restés ouverts, et les films pornos ont continué de circuler. En fait, si vous vous demandez ce que l'arrêt Butler a changé dans votre vie, la réponse est la suivante : probablement rien. Du moins, en surface. Car il existe désormais une interprétation de la loi qui dit, et c'est écrit noir sur blanc, que la pornographie est dangereuse pour les femmes. En statuant que des images pouvaient être nocives pour des individus, la Cour suprême a créé un précédent inquiétant. Ne court-on pas le risque que soient interdites des images qui déplaisent à quelques personnes sous prétexte qu'elles sont dangereuses et qu'elles incitent à commettre certains actes jugés répréhensibles? En déclarant que la pornographie représentait un danger pour les femmes, le juge Sopinka n'a rien résolu. Il a ouvert la voie à tous ceux et celles qui croient que, en interdisant des images, on règle des problèmes sérieux.

Le 15 janvier 1993, les douaniers de Lacolle interceptaient des livres en provenance des États-Unis et destinés à des libraires de Montréal et de Toronto. Parmi les titres saisis, on trouvait deux ouvrages de l'écrivaine féministe Andrea Dworkin : *Pornography : Men possessing women,* et *Woman Hating* (des titres qu'on peut traduire ainsi : *La Pornographie : des hommes qui possèdent des femmes* et *La Haine des femmes*). Les douaniers n'ont pas perdu de temps à lire la quatrième de couverture. Pas de doute, ils avaient devant eux des œuvres répréhensibles et amorales. Qui sait, ils croyaient peut-être avoir débusqué un vaste réseau de pornographes? Ironiquement, il s'agissait de la même Andrea Dworkin qui milite depuis des années pour la censure de la pornographie aux côtés de Catharine MacKinnon. En d'autres mots, nos brillants douaniers avaient saisi des livres « dénonçant » la pornographie.

C'est à la suite d'une chronique du *columnist* Albert Neremberg dans le quotidien *The Gazette*[7] que la gaffe des douaniers fut réparée, et que de vagues excuses furent

faites par M. Dan Oliver, directeur du Bureau des importations prohibées, un service fédéral chargé de contrôler
l'entrée au pays de colis provenant de l'étranger. « L'erreur
est humaine », a-t-il-déclaré laconiquement, avec toute la
désinvolture d'un fonctionnaire qui se croit au-dessus de
la loi. Que voulez-vous, ce sont des choses qui arrivent
quand on laisse à de simples fonctionnaires le pouvoir de
décider ce que nous pouvons lire ou non.

On aurait pu se rassurer en se disant qu'il s'agissait
d'un incident isolé, d'une « erreur », comme l'affirmait
candidement M. Oliver. Or c'était loin d'être le cas. Au
contraire, ce genre d'« erreurs » s'est produit à plusieurs
reprises au cours des dernières années.

En octobre 1993, les douaniers ont « intercepté »
L'Homme assis dans le couloir, une plaquette signée
Marguerite Duras, qu'ils jugeaient trop « obscène » pour
le bon peuple canadien. Quelques années auparavant,
c'était *L'Amant,* un autre roman de Duras (couronné par
le prix Goncourt celui-là), qui était pris dans les filets de
nos braves fonctionnaires fédéraux. Plus récemment, en
mars 1995, 54 livres commandés par la librairie L'Androgyne, boulevard Saint-Laurent, à Montréal, étaient saisis
par des douaniers postés à Halifax. Or, comme le faisaient
remarquer les propriétaires de la librairie au lendemain
de la saisie, la plupart de ces titres entraient sans problème
au Canada depuis des années. Pis encore : au moment de
la mainmise, certains titres pouvaient être achetés en
toute légalité dans d'autres librairies canadiennes... Est-
ce que le fait que l'Androgyne soit une librairie gaie et
lesbienne a influé sur la décision ? On sait du moins une
chose : il existe quatre librairies gaies et lesbiennes au

Canada et ces quatre librairies ont été l'objet de beaucoup d'attention de la part des douaniers au cours des dernières années. Saisies, fouilles, enquêtes clandestines; les douaniers et les forces policières font preuve de beaucoup de zèle dans leurs cas. Et depuis l'arrêt Butler, il est beaucoup plus facile de justifier des interventions de ce genre lorsque certaines images ne nous plaisent pas. Voilà comment l'arrêt Butler peut changer notre vie.

Des douaniers homophobes ?

Le 11 octobre 1994, après quatre ans de procédures judiciaires, l'Association des libertés civiles de la Colombie-Britannique ainsi que les propriétaires de Little Sister's Books & Art Emporium, une librairie spécialisée dans la littérature gaie et lesbienne située à Vancouver, étaient finalement autorisés à déposer une plainte contre Douanes Canada devant les tribunaux de la province. Les libraires disaient qu'elles étaient la cible de saisies arbitraires et affirmaient qu'un livre adressé à une librairie homosexuelle risquait d'être saisi par les douaniers alors que le même titre arrivait à bon port lorsque sa destination était une librairie générale. Les propriétaires de Little Sister's accusaient donc les douaniers d'exercer une discrimination à l'endroit des auteurs, des lecteurs et des distributeurs de matériel érotique homosexuel, et de violer ainsi le principe d'égalité garanti par la Charte canadienne des droits et libertés.

Au terme d'un procès qui aura duré plus de deux mois et qui a pris fin en décembre 1994, une décision a été rendue le 19 janvier 1996. En principe, il s'agit d'une victoire partielle pour les propriétaires de Little Sister's et pour tous ceux qui luttent contre la censure au Canada. En effet, le juge Kenneth Smith de la Cour supérieure de la Colombie-Britannique a reconnu que Douanes Canada avait contrevenu à la Charte des droits et libertés. Dans sa décision, le juge Smith déclare que les faits qui lui ont été présentés tout au long du procès démontrent que Douanes Canada a agi de façon anticonstitutionnelle en censurant des livres et le matériel jugé obscène par ses agents. Toujours selon le juge Smith, le comportement arbitraire, inconsistant et souvent ridicule des douaniers ne peut plus être qualifié d'« erreur humaine » par le gouvernement fédéral. Aux yeux du juge, ce comportement est en fait la conséquence directe d'une gestion inadéquate et bâclée. Et les nombreuses saisies, loin d'être des incidents malheureux ou épisodiques, mettent plutôt en lumière un problème systémique au sein de Douanes Canada.

Seule ombre au tableau de ce jugement tout de même historique, le juge ne donne pas raison aux plaignants qui demandent qu'on reconnaisse une fois pour toutes que le pouvoir de censurer attribué à Douanes Canada est en lui-même anticonstitutionnel. En d'autres mots, le juge admet que le comportement de Douanes Canada est illégal, mais refuse de faire quoi que ce soit pour empêcher celui-ci d'agir.

Little Sister's et l'Association des libertés civiles de la Colombie-Britannique iront donc en appel sur ce point.

Dans *Restricted Entry,* un livre paru à l'automne de 1995, les auteurs Janine Fuller (qui est directrice de la librairie Little Sister's) et Stuart Blackley énumèrent quelques dizaines de titres de livres et de magazines saisis au moins une fois aux frontières canadiennes. La liste ne laisse aucun doute quant au type de matériel visé par les douaniers et, par le fait même, par le gouvernement canadien. Les œuvres jugées subversives, alternatives ou marginales, c'est-à-dire des livres qui exposent des façons de penser ou des styles de vie qui ne correspondent pas à ceux de la majorité (par exemple, des œuvres homosexuelles ou féministes radicales) sont une cible de choix : leurs distributeurs disposent de peu de moyens pour se défendre et leur public est plutôt restreint ; le gouvernement risque moins ainsi d'ameuter l'opinion publique.

Moins spectaculaire, mais tout aussi intéressant, le cas de Jacques Boivin, illustrateur de la bande dessinée *Melody*. Boivin est rompu au fonctionnement arbitraire de Douanes Canada. Depuis plus de dix ans, il mène sa petite guerre contre le système fédéral. Il suffit de visiter son logement, dans le Plateau Mont-Royal, à Montréal, pour comprendre que le bonhomme est un passionné. Une des pièces est remplie de bibliothèques croulant sous le poids des livres : livres rares, livres érotiques, publications interdites ou saisies par les douaniers, bref, le paradis d'un douanier qui rêve d'une promotion.

Lorsqu'il prononce le mot « censure », Jacques Boivin sait de quoi il parle. Dans sa collection, on compte plusieurs albums illustrés dont certaines pages ont été carrément arrachées par des employés de Douanes Canada. Dans d'autres cas, on a recouvert certaines illustrations d'un gros point blanc. Subtil.

Boivin commande régulièrement des illustrés par la poste, histoire de savoir ce qui se fait sur le marché.

Normal, il est illustrateur. Il sait parfaitement que s'il fait venir des albums de certaines librairies américaines ils seront automatiquement saisis. Dans la plupart des cas, il s'agit de librairies gaies et lesbiennes.

Boivin n'est pas un pédophile en liberté. C'est un illustrateur de bandes dessinées qui essaie d'exercer son métier, un citoyen libre qui aimerait bien pouvoir lire et feuilleter ce qu'il veut. Or il en est souvent incapable.

Contrôle ou censure ?

Qui définit la moralité publique au Canada ? L'Église catholique, le gouvernement fédéral, la population ? Aucune de ces réponses. Ce sont les douaniers qui règnent en rois et maîtres sur les destinées d'un système de censure officialisé.

Depuis 1840, c'est-à-dire avant la Confédération, les douaniers canadiens ont le pouvoir de bloquer l'entrée de matériel qu'ils jugent immoral, indécent ou séditieux. Leur façon de fonctionner est remarquable de simplicité. Les douaniers, au nombre de 4 000 environ, s'appuient sur le règlement « Tarif des douanes » [une liste qui comprend les catégories suivantes : pédophilie, bestialité, nécrophilie, ainsi que la catégorie « autres » (?)], afin d'effectuer un tri. Tous les mois, le Bureau des importations prohibées publie une liste des saisies effectuées par ses agents que tout citoyen peut obtenir s'il en fait la demande et qui comporte souvent une centaine de pages. On y trouve des titres d'ouvrages dont le contenu est interdit par la loi (des livres qui contiennent des scènes de pédophilie, de bestialité, de meurtre, de viol, etc.). Toutefois, cette loi est loin d'être parfaite puisque, en son nom, on peut aussi bien interdire des films *snuff* hyper violents qu'un roman de Marguerite Duras.

Cette fameuse liste comprend également des livres d'art, des bandes dessinées et des titres manifestement destinés à un lectorat homosexuel ou féministe. En somme, des ouvrages dont le contenu ne contrevient pas aux dispositions de la Loi canadienne sur l'obscénité, mais qui, malgré tout, sont jugés trop osés par nos chiens de garde fédéraux malgré l'incapacité des gouvernements et des tribunaux à définir précisément ce qui est obscène et ce qui ne l'est pas. Dans ce cas, comment peut-on laisser aux douaniers le pouvoir de décider ?

La maison close

Pour comprendre le fonctionnement de la censure au Canada, il faut absolument connaître l'existence du Bureau des importations prohibées, une division de Revenu Canada, à Ottawa. Malheureusement, les portes de ce bureau ont longtemps été fermées aux journalistes et nos demandes d'entrevue se sont heurtées à un non catégorique. «Le sujet est trop controversé», nous a répondu Mme Colette Gentes-Hawn, alors directrice des communications à Revenu Canada. Nous avions fait cette demande après avoir vu un reportage de Pierre Mignault, alors journaliste à l'émission *Newswatch,* à CBC, qui avait fait beaucoup de bruit.

Jusqu'à tout récemment, ce bureau agissait à l'ombre des projecteurs, et rares étaient ceux qui remettaient en question la latitude et les agissements de ses employés. Toutefois, depuis quelques années, on commence à prendre conscience de l'ampleur du pouvoir qui repose entre leurs mains. En effet, sous prétexte que la majeure partie du matériel pornographique est produite à l'étranger, et qu'il faut donc protéger le pays, les lois canadiennes accordent des pouvoirs démesurés à des fonctionnaires qui n'ont ni formation particulière (on consacre environ six heures à la formation des douaniers en matière de détection de pornographie) ni expérience pertinente correspondant un tant soit peu à l'importance et à la gravité des décisions qu'ils doivent prendre. Les gaffes commises au cours des dernières années le montrent bien. Ces fonctionnaires sont malgré tout les gardiens de la morale canadienne !

La Loi sur les douanes (une loi distincte du Code criminel, dont est responsable le ministère fédéral du Revenu) n'est sans doute pas le texte le plus intéressant à lire, mais il en vaut la peine. Cette loi accorde aux fonctionnaires canadiens un pouvoir de décision dans plusieurs secteurs. En mai 1980, le ministre du Revenu expliquait aux deux chambres du Parlement la façon dont Douanes Canada appliquait la Loi sur les douanes en ce qui concerne le matériel pornographique. « Comme c'est le cas pour toutes les marchandises qui entrent au pays, ces articles importés sont sujets à inspection par les préposés des douanes, aux bureaux d'entrée, en vue de les classer selon le Tarif des douanes. Si le préposé *estime* qu'ils sont de *nature pornographique* et ont un *caractère indécent* [nous soulignons], ils sont classés sous le numéro tarifaire 99201-1 et ne peuvent entrer au pays. En cas de doute, ils sont expédiés à Ottawa où des agents du Ministère les examinent. » Toutefois, il est aussi spécifié que « Douanes Canada ne censure pas les importations en supprimant des parties de films ou de revues ou en fixant un âge minimum pour le visionnement ou l'achat. Son rôle est plutôt de déterminer si les articles méritent d'être classés sous le numéro tarifaire 99201-1. » Or, selon le groupe montréalais SansCensure (formé en 1993 pour dénoncer entre autres pratiques les abus de Douanes Canada, groupe dont fait partie l'illustrateur Jacques Boivin), les douaniers auraient outrepassé leur pouvoir à plusieurs reprises. Comment ? En retenant des livres, en affirmant avoir « perdu » des colis, en brûlant les livres saisis, et ce sans attendre qu'un tribunal se soit prononcé sur leur contenu.

Les cas des librairies Glad Day Books à Toronto, Little Sister's à Vancouver et Inland Book Company dans le Connecticut (un distributeur de magazines à petits tirages dont 73 % des envois destinés au Canada ont été saisis au cours de l'année 1993 seulement[8]), prouvent hors de tout doute le harcèlement que subissent les vendeurs et les distributeurs de littérature alternative, gaie, lesbienne et féministe de la part des policiers et des autorités gouvernementales.

Le pouvoir du gouvernement canadien ne s'arrête pas là. Pour éviter toute saisie ou toute lenteur administrative, les éditeurs étrangers sont invités à soumettre un exemplaire de leur produit (revue, livre, film, etc.) avant de le publier. En d'autres mots, le gouvernement canadien demande à des magazines comme *Playboy* ou *Hustler* de faire approuver leur contenu avant publication. Si le contenu est approuvé, les magazines passent nos frontières sans problèmes. Le gouvernement canadien exerce donc sa censure à la source, à l'étape même de la création, sans que nous soyons au courant de quoi que ce soit. Mieux encore, les éditeurs américains utilisent les services gouvernementaux canadiens pour faire évaluer le contenu de leurs publications, un service que notre gouvernement offre gratuitement !

Internet et cybersex

Avec l'arrivée du modem et de l'ordinateur personnel dans les foyers canadiens, nos douaniers ont affaire à se lever de bonne heure pour contrôler la porno. Déjà, en 1985, les auteurs du rapport Fraser faisaient allusion à la retransmission par satellite d'images pornographiques, mentionnant « que le Canada n'a pas accordé suffisamment d'attention aux modifications législatives et administratives qu'il aurait dû adopter dans le domaine des douanes pour faire face aux conséquences de cette technologie ».

Aux États-Unis, une loi sur les communications, le Communications Decency Act (CDA), a été votée par le Sénat et le Congrès, et signée par le président américain Bill Clinton en février 1996. L'article 502 de cette loi stipule qu'un individu qui transmet, poste, ou distribue du matériel jugé indécent sur le World Wide Web, sur les sites ftp ou aux groupes de discussion de Usenet encourt une amende pouvant atteindre 250 000 $ et est passible d'une peine d'emprisonnement maximale de deux ans. Nulle part dans la loi il n'est mentionné ce qu'on veut dire par matériel indécent, et on ne donne aucune définition du mot « pornographie ». Le mot « sein » est-il pornographique ? Si oui, un groupe de discussion sur le cancer du sein deviendrait illégal. Mais, en février 1996, un juge fédéral a déclaré que cette loi était anticonstitutionnelle et a accordé une injonction provisoire à des organismes qui la contestaient. La loi ne survivra sans doute pas à l'examen de la Cour suprême tant elle est imprécise.

Au pays, pour l'instant, seul existe le contrôle policier et ce, même si la tentation de contrôler les contenus de l'autoroute électronique est forte. En décembre 1993, et pour la première fois au Canada, les policiers de Winnipeg arrêtaient huit personnes, dont deux adolescents, pour possession et distribution de matériel pornographique. Pendant un an, les policiers s'étaient branchés sur 14 ordinateurs personnels. Résultat : ils ont saisi du matériel porno comportant des scènes qui impliquaient des personnes ayant des relations sexuelles avec des animaux. Selon les policiers, la plupart des logiciels saisis provenaient des États-Unis, et ils admettaient ne pas être en mesure d'en interdire l'entrée au Canada, puisque les images voyageaient par voie électronique.

En 1993, 18 opérateurs de BBS (babillards électroniques) ont été accusés de contrevenir aux lois canadiennes sur l'obscénité et la pornographie juvénile. À Toronto, des policiers rattachés au *Project P*, l'une des deux seules escouades antiporno en Amérique du Nord (la seconde étant à Los Angeles), sont même spécialisés pour opérer dans un environnement technologique. Ils se baladent un peu partout dans le réseau et, au moindre doute, ils se rendent au domicile de l'individu soupçonné, histoire d'examiner son matériel informatique de plus près.

Partout au pays, des policiers sont formés pour naviguer sur le Net à la recherche de matériel jugé obscène.

Reste que, malgré une certaine pression populaire, il semble impensable d'envisager un contrôle total de l'information circulant sur l'autoroute électronique. Les différents ordres de gouvernement vont devoir se rendre à l'évidence : la quantité d'information, la vitesse à laquelle elle circule et l'encodage des données rendent obsolètes toutes ces opérations policières. La solution aux excès de la pornographie est ailleurs.

Dans *The Invention of pornography,* un recueil d'essais retraçant les origines de la pornographie, l'historienne Paula Findlen, faisant référence à l'invention de l'imprimerie, écrit : « La réaction des autorités face à l'apparition du matériel érotique et obscène imprimé reflétait la transition malaisée d'une société où l'accès au savoir était restreint à une élite sociale et intellectuelle, à une nouvelle société qui divulguait désormais ses secrets quotidiennement et sans aucune discrimination[9]. »

On peut sans doute effectuer le même parallèle aujourd'hui. Il suffit de voir avec quelle force le débat sur la pornographie a ressurgi depuis l'arrivée de l'autoroute électronique pour comprendre les véritables motifs des avocats de la censure. C'est la libre circulation des images et des mots qui les troublent davantage que le bien-être physique et psychologique des femmes et des enfants qu'ils prétendent vouloir protéger.

CHAPITRE II

LA CENSURE
DE LA PORNOGRAPHIE

un débat qui n'en finit plus

EST-CE ÉROTIQUE ou pornographique? Chaque année, un magazine féminin pose la sempiternelle question à ses lectrices. Vous vous l'êtes sûrement déjà posée vous-même. Vous en avez même peut-être discuté avec des amis, pour enfin conclure qu'il existe presque autant de définitions qu'il y a de personnes sur la planète. « C'est de la pornographie quand il s'agit des autres et de l'érotisme quand ça me concerne », affirme une phrase à la mode. La vérité, c'est que tout dépend des limites et de la tolérance de chacun. La pornographie est avant tout une question de point de vue, d'où l'impossibilité de la définir, encore moins de la réglementer. Pour une lectrice du journal *Le Droit* à Ottawa, la scène de baise entre une religieuse et un pêcheur dans la mini-série *Miséricorde* était pornographique. Pour une jeune femme présente dans un colloque sur la pornographie à l'université McGill à l'automne de 1994, la dernière pub de crème amincissante de Christian Dior était pornographique. Devrait-on pour autant bannir les pubs de Christian Dior ou les mini-séries de Fabienne Larouche et de Réjean Tremblay? Bien sûr que non.

Comme le dit si bien Walter Kendrick dans *The Secret Museum*, « la pornographie c'est un débat, et non pas une chose ». Dans cet essai, Kendrick s'applique entre autres choses à retracer les origines du mot « pornographie ». Il semble que ce mot soit apparu pour la première fois entre 1755 et 1857 puisqu'il ne se trouve pas dans le *Dictionnaire de la langue anglaise* de Samuel Johnson, publié en 1755. En France, le mot « pornographie » a été reconnu en 1862 par l'Académie française.

Une façon de critiquer

À l'origine, la pornographie avait deux facettes : la première, la plus connue, était de décrire des actes sexuels dans le but de susciter l'excitation du public. C'est encore l'usage le plus courant aujourd'hui. Mais la pornographie jouait également un rôle politique : c'était un outil subversif utilisé pour critiquer le pouvoir, politique et religieux, un peu comme le sont les caricatures aujourd'hui.

Sans prétendre faire l'histoire de la pornographie – ce n'est pas le but de ce livre –, il est intéressant de rappeler certains faits. Ainsi, on ne peut pas parler des débuts de la porno sans faire mention de Pietro Bacci, dit l'Arétin, sorte d'ancêtre de Hugh Hefner (fondateur du magazine *Playboy*), premier pornographe de l'histoire puisqu'il aurait été le premier producteur de matériel pornographique à s'être enrichi de son commerce. Né en 1492, on le disait ami intime du pape Clément VII. La pornographie de l'Arétin, même si elle était destinée à émoustiller son public et à enrichir son auteur, n'était cependant pas dénuée de signification. On l'utilisait aussi pour critiquer les autorités en place, l'éducation humaniste et la piété du clergé. L'Arétin exposait les vices des classes supérieures à son lectorat, et c'est sûrement pour cette raison que les autorités ont voulu le censurer. Comme l'écrit Paula Findlen dans *The Invention of Pornography* : « Aux yeux des autorités qui bannissaient ses ouvrages, l'Arétin était plus dangereux que tous les artistes érotiques et les pornographes humanistes réunis, pas à cause de ses descriptions franches du comportement sexuel, mais plutôt parce qu'il refusait de réduire son auditoire aux hommes de vertu à qui on permettait de lire les classiques érotiques sur la base de leur "éloquence et de la qualité de leur style[1]".» En d'autres mots, les leaders de la société de l'époque appréciaient le travail de l'Arétin dans la mesure où il circulait en circuit fermé. Pas question que le bon peuple soit au courant de leur mode de vie olé olé.

Le pouvoir des images

La découverte des fresques de Pompéi est un autre événement marquant de l'histoire de la censure de la pornographie.

En avril 1748, dans la petite ville de Resina, au sud de Naples, près de quarante ans après qu'un paysan eut découvert des fragments de marbre en creusant sa terre, le roi Charles (des deux Siciles) et son équipe de chercheurs mirent au jour la première fresque intacte de Pompéi.

En peu de temps, le site devint le théâtre d'une activité fébrile. Tout le monde voulait voir les fresques, et l'endroit demeura un rendez-vous touristique pendant toute la durée des fouilles, soit pendant près d'un siècle. Les gens venaient de par le monde pour visiter cet endroit si intrigant où, murmurait-on en salivant, on avait fait des trouvailles « intéressantes ». Ceux et celles qui ne pouvaient pas s'offrir le voyage se consolaient en feuilletant un catalogue présentant les photographies de certains objets découverts sur le site.

En 1758, soit dix ans plus tard, les rumeurs les plus folles commencèrent à circuler. Une statue avait été déterrée, représentant un satyre et une chèvre engagés dans une relation sexuelle. Curieux, les gens se pressaient pour l'admirer. Mais le roi Charles, prudent, confia la statue aux bons soins d'un sculpteur, à qui il ordonna de l'enfermer sous clé et de ne la montrer à personne. Peine perdue, semble-t-il, puisqu'en 1786, dans *Discourse on the Worship of Priapus,* Richard Payne Knight fait mention de cette statue, qu'on disait cachée dans le château royal de Portici. Pas nécessaire de s'appeler Sherlock Holmes pour déduire que, en échange d'une somme d'argent substantielle, les notables de l'endroit ont pu se rincer l'œil et admirer la fameuse statue de plus près. Seuls les femmes et les enfants, à qui on en défendait l'accès, n'ont pas eu ce privilège.

Dans ces deux histoires, un détail attire particulièrement l'attention : comment se fait-il que les images pornographiques n'aient pas été interdites à tous, mais seulement aux classes défavorisées, aux femmes et aux enfants ? En fait, sous des dehors d'ordre et de morale, les autorités ne se battaient plus contre la pornographie, mais bien contre un phénomène qu'elles jugeaient beaucoup plus inquiétant : la libre circulation des mots et des images. Elles ne s'opposaient pas simplement à l'exposition de gravures à caractère sexuel ; elles luttaient de toutes leurs forces contre la démocratisation de la culture, un phénomène bien plus menaçant que des images pornographiques.

Ce ne serait cependant pas le seul motif de leur opposition. Plusieurs auteurs qui ont écrit sur le phénomène de la censure soulignent que les luttes contre la pornographie sont également issues d'un désir d'ordre. Comme le mentionne Bernard Arcand dans *Le Jaguar et le Tamanoir* : « On explique plus aisément ces luttes contre la pornographie si l'on pose d'abord que, pour réinventer ou reconstruire le monde, le XIXᵉ siècle devait d'abord y mettre de l'ordre[2]. » Plus loin il ajoute : « Enfin, il n'est peut-être pas inutile de redire que la pornographie a surtout inquiété les censeurs qui y voyaient le présage des pires désordres parce qu'elle devenait (vers le milieu du siècle) un produit vraiment accessible à tous les publics. »

Est-ce ce même désir d'ordre qui motive aujourd'hui les conservateurs et certaines féministes à vouloir censurer la pornographie ? C'est ce que nous verrons un peu plus loin.

Féministes et pornographes

« Les écrits érotiques et obscènes du XVIᵉ siècle, écrit Paula Findlen dans *The Invention of Pornography,* ouvrent la voie à une diffusion plus large de la pornographie au cours du XVIIᵉ et du XVIIIᵉ siècle, en établissant les paramètres de son sujet et ses techniques de présentation : voyeuriste, subversive et hautement philosophique, la pornographie devient rapidement le véhicule privilégié de l'outrage à l'endroit de la société et en même temps, réalise un beau petit profit, grâce aux techniques de l'imprimerie[3]. »

Au cours du XIXᵉ siècle, la pornographie s'est vidée de son sens critique pour se rapprocher de sa définition première (pornographie ; de porno, prostituée et de graphie, écriture). Mais il ne faut pas pour autant évacuer le contenu subversif qu'on trouvait à l'origine de la pornographie. Contrairement à Bernard Arcand qui, dans son essai, insiste sur la « spécificité de la pornographie moderne, un produit de consommation de masse exclusivement axé sur la stimulation sexuelle », nous croyons que certaines productions féministes actuelles, et dites « pornographiques », s'apparentent davantage, sur le plan idéologique, aux productions pornographiques du XVIᵉ siècle. Les cas d'Annie Sprinkle et de Susie Bright ou, encore, les écrits féministes homosexuels américains (nous en reparlerons un peu plus loin) qui sont souvent saisis aux frontières canadiennes illustrent bien le danger qui guette les productions dont le contenu est alternatif ou subversif.

Prenons l'exemple de Sprinkle et de Bright, deux féministes qui ont mis sur pied des spectacles qu'elles qualifient de divertissement et d'information à la fois. Leur travail, bien que marginal, s'inscrit au sein d'un mouvement baptisé *sexual politics* et qui consiste à ce que les femmes se réapproprient une part du discours sur la sexualité. Dans le cas de Sprinkle, il s'agit avant tout de raconter une histoire qu'elle a elle-même vécue : la vie d'une prostituée et actrice de films pornos. Sprinkle a choisi le spectacle pour illustrer son propos. Elle dénonce les stéréotypes, se moque de certaines attitudes masculines et, surtout, revendique au nom des femmes la liberté de choisir ce qu'elles font de leurs corps. Susie Bright, quant à elle, mise davantage sur l'éducation sexuelle. Moins spectaculaire que Sprinkle, son message s'adresse avant tout à une clientèle homosexuelle féminine, soit un public beaucoup plus restreint.

Ce qui indispose bien des gens dans le cas de ces deux

« performeuses », ce n'est pas tant qu'elles montrent leurs seins ou qu'elles parlent crûment de sexualité. C'est la nature de leurs propos qui dérange. Voici deux femmes qui osent prôner l'autonomie sexuelle, critiquer le discours dominant sur la sexualité – un discours d'homme hétérosexuel blanc –, et revendiquer un pouvoir sexuel féminin. C'est sans doute ce qui explique que leur discours est souvent censuré, alors que la plupart des films pornos passent nos frontières sans problème. La venue de Susie Bright à Montréal est pratiquement passée sous silence tandis que celle d'Annie Sprinkle a donné lieu à des commentaires déplacés et sexistes de la part de plusieurs chroniqueurs masculins. Les seins nus d'Annie Sprinkle ont bien fait rire, mais rares sont ceux qui se sont attardés à son message qui voulait avant tout démythifier la sexualité féminine tout en déboulonnant un bon nombre de préjugés à l'endroit des femmes qui travaillent dans l'industrie du sexe.

Cet exemple illustre assez bien le danger qui guette certains discours féministes dans un contexte où la censure de la pornographie est encouragée. En censurant un type de porno, celui qui ne nous plaît pas, on risque d'étouffer des discours alternatifs et féministes stimulants. Alors qu'elles devraient se porter à la défense de femmes comme Annie Sprinkle et Susie Bright, qui sont souvent la première cible des censeurs, les féministes pro-censure s'obstinent à dénoncer la pornographie sous prétexte qu'elle est dangereuse pour les femmes. Si le discours sur la sexualité que propose un certain type de pornographie ne plaît pas aux féministes, pourquoi ne pas lui en opposer un autre ?

Les dérapages du féminisme

À quand remontent les origines de la lutte féministe contre la pornographie ? Il faut se reporter à la naissance du mouvement féministe contemporain (autour de 1963 avec la parution du livre *The Feminine Mystique* de Betty Friedan), alors qu'on assiste à l'émergence de théories féministes, principalement élaborées dans les universités américaines. Ces théories s'inspirent surtout des théories marxistes et des grilles d'analyse psychanalytique. Le système patriarcal (l'équivalent féministe du capitalisme) est devenu l'oppresseur, et la plupart des phénomènes sociaux sont analysés à la lumière de cette grille d'analyse. Dans la famille, dans la maternité, dans le système de justice et sur le marché du travail, la femme est devenue une sorte de victime à la merci des lois et d'un système patriarcal pensé et développé par les hommes dans le but de garder les femmes dans un état de soumission permanent. Dans les années 60 et 70, cette opinion s'est répandue dans la culture populaire : on le constate en lisant les romans de Marilyn French ou en regardant certaines *sitcoms* américaines de l'époque. Le mouvement de contestation a touché toutes les couches de la société.

Cependant, comme tout mouvement idéologique, le féminisme a également connu des dérapages. La lutte contre la pornographie en est un exemple.

C'est à la faveur des théories féministes que la pornographie a revêtu un nouveau sens. Elle symbolise désormais la base idéologique de l'oppression des femmes.

Catharine MacKinnon et Andrea Dworkin, nos deux papesses de la censure, ont affirmé les premières que la pornographie est la représentation graphique de la domination des hommes sur les femmes; non seulement elles croient que la porno glorifie l'exploitation du corps de la femme (et par extension, la femme en entier), mais qu'elle serait en quelque sorte la source de cette exploitation. On l'a vu un peu plus haut, les théories de MacKinnon et Dworkin s'appuient sur une conception politique de la pornographie qu'elles ne considèrent absolument pas comme une forme d'expression.

Dans *Only Words*, un essai publié en 1993, Catharine MacKinnon revient à la charge en affirmant que la pornographie doit être vue comme une forme de discrimination et non comme une forme de diffamation[4]. Les inégalités sociales, poursuit-elle, sont avant tout créées par les mots et les images. Il faut donc agir sur ces mots et ces images pour combattre les inégalités entre les hommes et les femmes.

Selon MacKinnon, il n'y a donc plus de différence entre l'image et la réalité. La représentation d'un viol est aussi grave qu'un viol véritable. En empêchant le premier, on peut éviter le deuxième. Et cette analyse simpliste est reprise par toutes les féministes pro-censure en Amérique du Nord.

La télévision payante

Au Québec, on l'a mentionné plus haut, les débuts de la vague pro-censure remontent à l'arrivée de la télévision payante au Canada, en janvier 1983.

Dans un éditorial du magazine féministe *La Vie en rose*, célèbre publication féministe qu'on disait progressiste, l'équipe éditoriale commentait le débat en ces termes:

Jusqu'ici, la pornographie était un divertissement pour hommes ; on la consommait dans les clubs, dans les parties de chasse et de pêche, dans les enterrements de vie de garçon, bref, là où les seules femmes présentes étaient payées pour y être : danseuses et prostituées. Avec l'arrivée de la T.V. payante et des vidéo-cassettes, les femmes ont compris que la pornographie allait bientôt entrer chez elles, là où elles vivent, travaillent, élèvent leurs enfants. On nous demande maintenant bien davantage que de la tolérance face à la porno ; il faudrait lui donner l'hospitalité[5].

L'équipe de rédaction du magazine va plus loin et n'hésite pas à comparer la pornographie – dite « douce » ou « dure » – aux techniques de propagande employées par les nazis durant la Seconde Guerre mondiale et cite en ce sens un livre du chercheur américain J. A. C. Brown, *Techniques of persuasion,* dans lequel il identifie huit techniques de propagande politique utilisées entre autres par les nazis à partir de 1933. Les auteures ajoutent : « Le message de la porno est si efficace et si retors qu'il parvient même à faire croire à certaines d'entre nous qu'exiger l'interdiction de cette propagande haineuse et diffamatoire serait faire censure et porter atteinte à la liberté d'expression. »

C'est malheureusement le type d'arguments servis par les féministes lorsque vient le temps de discuter de pornographie. Non seulement cet exemple est grossièrement exagéré (sauf exception, la pornographie n'a jamais tué personne alors que le nazisme a permis l'extermination d'environ six millions de gens), mais il est d'une malhonnêteté intellectuelle rare. En fait, ce que sous-entend l'équipe éditoriale de *La Vie en rose,* c'est que les lectrices qui ne partageraient pas son avis seraient en fait aveuglées par la propagande patriarcale véhiculée par le discours dominant sur la sexualité. Après avoir lu ce texte, les lectrices doivent donc faire face à un choix : lutter contre la pornographie, c'est-à-dire être du « bon bord », ou être en désaccord avec la censure et adopter alors une attitude de traître face à son propre sexe. *La Vie en rose* refuse d'envisager un instant la possibilité qu'une femme ait pu, d'elle-même, arriver à la conclusion que la censure de la pornographie n'est peut-être pas souhaitable. Une femme défendant cette position aurait nécessairement été manipulée. Elle serait obligatoirement la victime d'un lavage de cerveau. Bref, la responsabilité personnelle si longtemps revendiquée par les féministes est totalement absente de ce débat.

Mais au fait, quel débat ? S'il en existe un, il est à sens unique. À lire les articles et les livres publiés à l'époque, toutes les féministes québécoises semblent être en faveur de la censure. En fait, si des féministes se sont opposées à la censure, on n'a pas rapporté leurs paroles. Toutes les publications féministes de cette période véhiculent le même message, les mêmes analyses, les mêmes conclusions. Seule la *columnist* Lysiane Gagnon ose parler de liberté d'expression dans ses chroniques. Dans un texte de la revue *Sexus,* en 1968, et dans un éditorial du quotidien *Le Devoir,* en 1985, Lise Bissonnette prend aussi position en faveur de la liberté d'expression. Puis, en 1985, soit deux ans après la parution de cet éditorial, Gloria Escomel s'interroge sur les dangers de la censure dans les pages de *La Vie en rose.* Outre l'opinion de ces trois femmes, le discours est monolithique.

Vous avez dit « critique » ?

En 1984, le comité Fraser tient ses audiences publiques dans tout le Canada. L'événement crée un *momentum*. Résultat : de nombreux livres sur la pornographie sont publiés. Ils véhiculent tous le même point de vue : une position sans équivoque en faveur de la censure.

Prenons l'exemple de l'essayiste Micheline Carrier qui ne prêche pas par excès de subtilité. En 1983, elle faisait paraître un livre intitulé *La pornographie* qui présente les exemples les plus radicaux des positions pro-censure. Voici ce qu'elle écrit : « La pornographie transpose au plan des comportements sexuels une domination que les hommes, en tant que classe, exercent sur les femmes dans tous les domaines de la vie. La pornographie représente pour plusieurs la codification des normes masculines, une sorte de catéchisme de la misogynie[6]. » On reconnaît ici, à peine digérés, les arguments de nos amies MacKinnon et Dworkin. C'est la logique guerrière poussée à son paroxysme. Pour Micheline Carrier, la pornographie n'est rien d'autre que l'intégration des normes et des valeurs de la culture mâle dominante. Passons sur le fait qu'elle brosse un tableau de la société où toutes les femmes sont des victimes et tous les hommes des agresseurs en puissance (ce qui est tout à fait inexact aujourd'hui de même que cela l'était à l'époque où Mme Carrier écrivait son livre) et parlons plutôt de sa conception de la pornographie. Selon Carrier, la pornographie n'est pas une forme de divertissement, mais bien un instrument employé par les hommes selon une stratégie visant à garder les femmes dans un état de soumission, de violence, de peur et d'humiliation. Il s'agit du même raisonnement que celui de l'équipe éditoriale de *La Vie en rose* : la pornographie s'inscrit au cœur d'un plan cherchant à priver les femmes de tout contrôle, de toute dignité. Carrier refuse d'envisager que la pornographie puisse être consommée ou produite par une femme de même qu'elle refuse d'analyser la pornographie en tant que phénomène social ayant une histoire, un discours et des pratiques qui lui sont propres. En outre, Carrier accuse les hommes de manipulation. Or, elle fausse le débat puisqu'elle oblige les femmes à se déclarer pour ou contre la soumission des femmes ou, encore, pour ou contre la misogynie.

Inutile de dire que Micheline Carrier répond de façon assez cavalière à celles qui s'opposeraient au discours pro-censure : « L'oppression sexuelle, que normalise insidieusement le discours pornographique, est générale et commune à toutes les femmes. Ces dernières n'ont pas encore développé une conscience claire et nette qu'elles sont traitées comme une classe subalterne. Ou elles ne veulent pas le voir, car cela est douloureux et générateur d'insécurité[7]. » En d'autres mots, les femmes préfèrent fermer les yeux plutôt que de regarder la réalité en face. Et la réalité, toujours selon Micheline Carrier, c'est que toutes les femmes, même celles qui osent prétendre le contraire, sont des êtres opprimés qui n'ont pas encore vu la lumière. Quant aux femmes qui s'opposent au discours pro-censure, elles ont été victimes d'un lavage de cerveau. Elles sont comme des éponges qui auraient totalement absorbé le discours des pornocrates. Elles sont incapables de se forger une opinion. Des propos étonnants de la part d'une femme qui se dit féministe et qui prétend revendiquer le droit des femmes à la dignité alors qu'elle leur nie le droit de penser librement.

À celles qui revendiquent le droit à la liberté d'expression (en particulier à Lysiane Gagnon), Carrier répond ceci dans son livre *La danse macabre : violence et pornographie,* publié en 1984, soit un an plus tard : « On vole au secours des hommes présumément attaqués et on nous accuse de vouloir les exterminer. Faut-il qu'on se sente protectrice jusqu'à la mœlle, conditionnée à ne pas déplaire et à acheter la paix pour ainsi distortionner les faits et suggérer l'autocensure, ou la censure tout court. » Encore une fois, ce discours rejoint celui de la *Vie en rose* : conditionnement, propagande, influence. Ces mots sont choquants dans la bouche de celles qui veulent une plus grande liberté pour les femmes. La vérité, c'est qu'on infantilise les femmes, qu'on leur retire toute liberté de se forger elles-mêmes leur propre opinion. Elles sont condamnées avant même d'avoir pu ouvrir la bouche. Et elles risquent d'être lynchées si leur opinion ne correspond pas à la loi féministe pro-censure. Ainsi, une femme qui s'opposerait à la censure le ferait uniquement pour défendre les hommes et non pas pour défendre ses propres droits. Bref, une femme qui refuse la censure de la pornographie n'est pas une vraie féministe.

Plus de dix ans ont passé et le discours est sensiblement le même. C'est comme s'il avait été conservé dans la glace. On l'a constaté encore récemment, soit le 15 novembre 1995, à l'émission *Première Ligne* animée par François Paradis. Cet animateur d'une tribune téléphonique demandait à son auditoire de se prononcer sur la pornographie à la suite d'une nouvelle qui annonçait l'ouverture du restaurant Sexy Bouffe dans la ville de Chicoutimi. Au nombre des personnes interviewées, il y avait Marie-Claude Bouchard, de la maison Isa, un refuge pour femmes victimes de violence et d'agressions sexuelles. À la question « Croyez-vous que le nombre d'agressions ait augmenté au même rythme que les films pornos », Mme Bouchard répond ceci : « Oui, c'est évident [sic]. Ça ne se voit pas dans nos statistiques, mais c'est évident. Tant qu'il y aura des films pornos, il y aura de la violence faite aux femmes. » Voilà une femme qui travaille dans le milieu et qui connaît les conditions de vie des victimes d'actes violents. Elle aurait pu profiter de l'occasion pour parler d'éducation, de formation, de pauvreté. Mais non. Les féministes pro-censure adoptent la même stratégie que les producteurs de films pornos. Elles sont sensationnalistes. Après tout, c'est beaucoup plus facile de mettre le tort sur la porno que d'expliquer les véritables origines de la violence.

Les deux petits fascicules publiés en 1988 par la Fédération des femmes du Québec (FFQ) et intitulés *La Pornographie décodée : information, analyse et pistes d'action* sont sans doute l'un des exemples les plus illustres de la propagande féministe contre la pornographie. Ces documents contiennent quelques perles.

Tout d'abord, les auteures de cet ouvrage « éducatif » s'émeuvent déjà de la pornographie dite « douce » (*softcore*). Elles affirment que «dans la pornographie dite douce, le dommage est peut-être moins apparent mais il est là. [...] Les revues de pornographie dite douce introduisent d'ailleurs de plus en plus de violence physique. En fait, il n'y a pas de pornographie dite douce[8]. » Et voilà réglé le sort de l'émission *Bleu nuit,* à Télévision Quatre-Saisons.

La partie la plus intéressante de cet ouvrage reste toutefois la section intitulée « Comment se donner des arguments pour répondre aux lieux communs sur la pornographie ». En d'autres mots, un véritable petit catéchisme dans lequel on trouve des réponses préfabriquées et où toute subtilité et réflexion personnelle sont visiblement absentes. Indispensable à toutes les femmes, son petit format permet également de le traîner dans son sac à main, histoire d'être prête à toute éventualité. Voici un exemple de ce qu'on peut y lire : « Pour faciliter les échanges quand la pornographie devient le sujet d'une conversation, il faut faire face aux arguments qui nous sont le plus fréquemment servis. Voici donc quelques-uns de ces arguments et les réponses qu'on peut leur apporter. Argument numéro un : Les femmes aussi achètent des revues pornographiques et louent des cassettes vidéo pornographiques. Elles aiment ça. » Les auteures suggèrent la réponse suivante : « Ce sont en majorité des hommes [95 %, disent-elles sans mentionner la source de cette référence] qui consomment les revues pornographiques. Même les revues qui étaient destinées aux femmes ont surtout été achetées par des hommes. L'image véhiculée par la pornographie n'est pas celle que s'en font les femmes. Ce sont des hommes qui présentent à des hommes leur perception de ce qu'est la femme. »

Ce n'est pas tout. À l'argument : « Si les femmes refusaient de servir de modèles, il n'y aurait plus de pornographie », la riposte suggérée par les auteures est la suivante : « [...] la question qu'il faut se poser c'est :

pourquoi les femmes acceptent-elles de faire ce métier ? Plusieurs ne choisissent pas librement d'en arriver là. [...] Quant à la prétendue liberté des autres, elle n'est que le résultat d'une scolarisation qui a appris aux femmes à se conformer aux désirs des hommes et à accepter d'être des objets de consommation sexuelle. On ne peut pas blâmer ces femmes de ne pas avoir fait une réflexion dans ce sens et de continuer à confondre libération sexuelle et exploitation sexuelle. » Visiblement, les auteures ne considèrent pas qu'elles font partie de ce groupe de femmes qui n'ont pas réfléchi à leur condition. Elles ont sans doute grandi à l'abri de cette société patriarcale qui semble avoir fait tant de dommages chez leurs consœurs. Les chanceuses...

Évidemment, les auteures ne font qu'une bouchée de l'argument invoquant le droit à la liberté d'expression : « L'argument de la liberté d'expression ne sert souvent qu'à masquer les véritables enjeux. Ce qui compte pour les pornographes c'est de pouvoir faire le commerce de leurs marchandises. S'ils pouvaient les produire mais qu'il soit interdit de les vendre, ça ne les intéresserait plus de les produire. C'est donc la liberté de commerce qui est véritablement en jeu. »

De tous les documents publiés entre les années 1980 et 1990, ce petit guide est sans aucun doute le plus représentatif du mouvement pro-censure et le plus méprisant à l'endroit des femmes : on leur interdit de raisonner et on refuse de discuter. Pis encore, on répond à la place des femmes, on leur met des mots dans la bouche. La lutte contre la pornographie devient un endoctrinement, une religion. Y adhérer signifie qu'il faut adopter son vocabulaire, ses arguments. Où est la liberté de penser, de discuter, de réfléchir que promettait le féminisme ? Comment est-il possible qu'un organisme qui lutte pour la défense des droits des femmes privilégie ce type d'action ? N'a-t-on jamais pensé organiser un débat sur la pornographie qui autoriserait tous les points de vue ? La Fédération des femmes du Québec est-elle devenue une sorte de police des idées dont l'objectif était de s'assurer que le discours des femmes soit le même partout ? Comment a-t-on pu publier un document qui nie si profondément les principes de base du féminisme ? Et comment justifier cet appel à la censure de la pornographie ? En militant en faveur de la censure, les féministes demandent en fait à cette société patriarcale qu'elles détestent tant de venir une fois de plus s'immiscer dans leur vie privée, de venir les protéger. N'y a-t-il pas là une contradiction insoutenable ?

Plus ça change…

Il suffit de jeter un coup d'œil sur les plus récents écrits féministes pour constater que la rhétorique pro-censure n'a pas évolué. Elle s'articule encore autour des mêmes arguments : chaque fois qu'on invoque la liberté d'expression, on nous répond en fait qu'il s'agit d'une défense de la liberté de commerce. On accuse les femmes d'avoir assimilé les valeurs dominantes, on impute leur réflexion à leur désir de plaire à tout prix. Bref, on réduit les femmes à des êtres dénués de tout jugement, incapables d'élaborer une réflexion critique quelle qu'elle soit. Pourtant, cette attitude est le fait d'organismes militants dont la mission est de défendre les droits des femmes. On revendique le droit de choisir puis, lorsqu'il est question de pornographie, on force les femmes à adopter une position ferme en faveur de la censure. On prétend que les femmes sont les égales des hommes, puis on affirme du même souffle que la pornographie est un moyen employé par les hommes pour les assimiler et, soudain, voilà qu'elles ont besoin d'une protection particulière. En fait, dans le dossier de la pornographie, les féministes nient tous les droits des femmes, ces droits qu'elles mettent tant d'ardeur à défendre dans d'autres dossiers.

Prenons par exemple la volumineuse étude consacrée à la violence faite aux femmes, « Un nouvel horizon : éliminer la violence – atteindre l'égalité », réalisée par le Comité canadien sur la violence faite aux femmes (publiée à grand déploiement en août 1993). On y trouve bien entendu un chapitre consacré à la pornographie. Incapables de proposer une définition, les auteures préfèrent livrer leur interprétation de la pornographie. Selon elles, « le message essentiel de la pornographie est que toutes les femmes sont des prostituées de nature [...]. La réalité présentée par la pornographie est que les femmes adorent être violées, méritent d'être battues et n'existent que pour répondre aux désirs sexuels de l'homme – autrement dit, que les femmes sont inférieures et naturellement subordonnées à l'homme. La pornographie nous dit que les femmes aiment être humiliées et souffrir. » Un peu plus loin, les auteures conviennent toutefois que « la définition de la pornographie suscite beaucoup de débats, tout comme la relation existant entre la violence faite aux femmes et la pornographie ». Qu'à cela ne tienne, les auteures écartent ce débat avec désinvolture, et ne s'attardent aucunement à distinguer les genres.

Tout comme leurs consœurs de la FFQ l'ont affirmé en 1988, les auteures (des psychologues, des médecins, des avocates, des femmes qui travaillent dans le milieu communautaire, etc.) du Rapport canadien sur la violence affirment que ceux et celles qui invoquent la liberté d'expression pour freiner les élans du mouvement pro-censure ne font que reprendre un discours fondé sur la liberté de commerce. Elles dénoncent évidemment les organismes de défense des libertés civiles et certains groupes artistiques qui considèrent « que les arguments présentés contre la pornographie sont une forme de censure, et [ils] défendent l'existence de la pornographie en invoquant la liberté de parole[9]. »

Cet argument de la liberté de commerce mérite qu'on s'y attarde un peu, puisqu'il revient invariablement dans tous les documents féministes pro-censure. Répéter sans cesse que ceux et celles qui défendent la liberté d'expression défendent en fait la liberté de commerce, c'est refuser un débat en profondeur sur la pornographie. L'enjeu ici, ce n'est pas du tout l'aspect « commercial » de la pornographie. Celle-ci est, quoi qu'on en dise, un discours sur la sexualité, et le seul fait qu'on cherche à la censurer en est une preuve suffisante. Qu'on soit en désaccord avec ce discours, c'est possible. Dans ce cas-là, faut-il le répéter, il suffit d'y opposer un discours différent. La censure ne réglera absolument rien. D'ailleurs, ceux et celles qui défendent la liberté d'expression ne sont pas nécessairement des pornocrates. De plus en plus d'individus et d'organismes s'inquiètent des effets de la censure sans pour autant être consommateurs de pornographie. Aux États-Unis, deux grandes associations de féministes (Feminists for Free Expression et Feminists Against Censorship) ont vu le jour depuis la fin des années 1980. Au Canada, en 1985, le groupe Women Against Censorship s'est clairement exprimé contre la censure de la pornographie. Un peu partout dans le monde, des associations et des regroupements féministes voient le jour et constituent une réalité que les féministes en faveur de la censure ne peuvent plus ignorer. Osera-t-on dire que ces féministes ne savent pas ce qu'elles disent, qu'elles ne comprennent pas ce qu'elles défendent ? Qu'elles ne sont pas de vraies féministes ? Le premier objectif des féministes en faveur de la liberté d'expression n'est pas de défendre les pornographes, mais bien de permettre l'existence d'une multitude de discours dans la société. La liberté de penser n'a absolument rien à voir avec la liberté de commerce. Quand des féministes accusent d'autres féministes de défendre la liberté de commerce, elles ne font qu'adhérer au scénario du complot. Un scénario dans lequel les femmes qui ne partagent pas les positions des féministes radicales sont inévitablement des marionnettes.

Les féministes pro-censure n'ont plus le choix : si elles défendent la censure, elles doivent admettre que cette censure a un prix, celui de la liberté d'expression.

CHAPITRE III

VIOLENCE
ET PORNOGRAPHIE

sexe, mensonges et vidéo

ON PENSE, dans les milieux féministes conservateurs, que la pornographie est à l'origine des crimes sexuels, que les hommes qui la regardent sont influencés par ce qu'ils y voient. Si on accuse de plus en plus les médias et les images de tous les maux de la terre, la pornographie est vue par la majorité des féministes comme la cause principale de la violence envers les femmes.

En fait, depuis que Robin Morgan a déclaré que la « pornographie, c'est la théorie, le viol, la pratique [1] », on dirait que toutes les féministes veulent se débarrasser de la pornographie pour régler les problèmes de violence.

Des recherches qui ne prouvent rien

C'est une théorie que des centaines d'études et de recherches en psychologie, en sexologie, en sociologie et en criminologie ont tenté de justifier. Il n'en fallait pas plus pour que les groupes de surveillance des médias, des féministes, et, pourquoi pas, les groupes de droite, unissent leurs efforts et condamnent la pornographie par le biais des sciences. On s'est dit qu'avec la sacro-sainte objectivité scientifique, nul ne pourrait contredire les théories pro-censure. Malheureusement pour ces groupes, les résultats des examens, des tests et d'autres études approfondies se contredisent constamment. Pour une étude qui prétend relier la pornographie à la violence, on en trouve une autre qui dit exactement le contraire.

D'ailleurs, il arrive parfois que l'on trouve dans des livres féministes, les uns pour la censure, les autres contre, les mêmes études, les mêmes chercheurs. Par exemple, dans *Sex Exposed* et dans *Take Back the Night*[2], deux livres aux positions radicalement différentes sur la censure, on commente les travaux de Neil Malamuth et Edward Donnerstein, chercheurs émérites en psychologie du comportement; dans l'un et l'autre des ouvrages on conteste, discute, objecte l'impartialité ou la partialité de leurs recherches[3]. De plus, la plupart des travaux cités on été effectués en laboratoire. Or étudier le comportement des hommes face à la pornographie entre quatre murs, sans tenir compte du contexte social, ne permet pas d'extrapoler sur leur conduite en dehors du cadre donné.

Qu'à cela ne tienne, des féministes ont aussi fait leurs propres expériences. Différents comités d'études sur la violence ont recueilli des témoignages de victimes de violence sexuelle qui assurent que leur mari ou leur conjoint avait regardé un film porno avant de passer aux actes. On a accumulé les confidences de certains agresseurs qui confessaient leur accoutumance à la porno et qui, souvent, justifiaient ainsi leurs gestes. Les gouvernements, les groupes conservateurs, les groupes pro-censure n'ont fait ni une ni deux : ils ont rapproché tous ces témoignages pour en tirer argument et proposer rien de moins que la censure. L'effet présumé de la pornographie sur les hommes, la menace de l'intégrité de la femme sont devenus les raisons majeures qu'on invoque aujourd'hui pour condamner la pornographie.

La croisade de Catharine MacKinnon et d'Andrea Dworkin a été bien acceptée par de nombreux groupes de femmes qui nous garantissent que sans pornographie, nous vivrons sans violence. Pourtant, cet argument est totalement contraire au féminisme, car il déresponsabilise les agresseurs.

Les femmes ont toujours trouvé que les hommes justifiaient trop facilement leur violence par des motifs extérieurs : on a voulu qu'ils cessent de trouver leurs gestes « normaux », « excusables ». Les revendications féministes avaient réussi à démythifier la violence dans la famille, dans les gouvernements, dans les codes sociaux. L'inceste, la violence conjugale ou économique, le harcèlement sexuel, le sexisme et la discrimination sont des formes de pouvoir dans lesquelles la violence est institutionnalisée, et il a fallu des dizaines d'années pour être capable de reconnaître ces comportements et de les dénoncer.

Bref, les femmes ont exigé que les hommes prennent une fois pour toutes leurs responsabilités. Cela veut dire qu'on ne tolère plus les excuses des agresseurs, et qu'ils doivent subir les conséquences de leurs actes : ce n'est plus à la victime de prouver son innocence, mais au présumé agresseur. Or si les femmes, pire, les féministes, se mettent à dire que c'est la pornographie qui est responsable de la violence, et non les agresseurs, à quoi auront donc servi les luttes des dernières années ?

La faute à la porno

Expliquer la violence par un élément extérieur (la pornographie, la drogue, l'alcool, etc.) nous ramène au temps où la femme était vue comme une faible créature et l'homme comme une espèce d'animal toujours en rut, incapable de la moindre maîtrise de soi. Ces théories sous-entendent qu'il existe au fond de chaque homme un agresseur et que, devant des images pornos (images agissant comme un révélateur), il ne peut plus résister à son désir de conquête, à son besoin d'assouvir ses instincts. Raisonner ainsi, c'est expliquer la violence de l'homme par sa nature : il serait « potentiellement » un être violent, et passerait sa vie à réprimer ses pulsions.

Pourtant, l'argument de « nature » est inacceptable. Il réduit les deux sexes à des déterminismes biologiques : un homme est fait pour la guerre, l'argent, le pouvoir ; la femme pour élever la famille, entretenir la maison, s'occuper des autres...

L'argument de nature est justement celui auquel les féministes se sont toujours opposées, puisqu'il a longtemps fait l'affaire du pouvoir qui assignait les sexes à des fonctions. La lutte contre l'argument de nature a été, et demeure, le cheval de bataille du féminisme. Sa réfutation constitue la prémisse *sine qua non* du mouvement de libération des femmes.

Qu'on ne vienne plus nous dire, en 1996, que si un homme est violent, c'est à cause de ses instincts et de sa nature.

Ce que sous-entend aussi la thèse pro-censure, c'est que les hommes perdent toute maîtrise de soi devant la porno. En voyant des images sulfureuses, dans lesquelles des femmes sont soumises à leurs bourreaux, les hommes tendraient à imiter ces comportements dans la réalité, au point parfois de préméditer un viol ou un meurtre... Cette façon de voir est absurde et méprisante pour les hommes comme pour les femmes. D'abord, parce que ce raisonnement perpétue l'idée que seule une femme dans un contexte sexuel peut perturber l'équilibre mental et psychologique de l'homme. Ensuite, parce que cela laisse entendre qu'en chaque homme sommeille un bourreau et, par conséquent, en chaque femme une victime.

Ces idées rétrogrades sont en train de saboter le travail de féministes qui cherchent à instaurer une égalité entre hommes et femmes. Incriminer un élément extérieur pour justifier la violence, c'est faire abstraction du combat qu'ont mené les femmes contre cette fameuse loi de « nature » : si elle était fondée, comme elle semble l'être dans certains coins du monde, cette loi réduirait l'existence à une série de viols et de meurtres, comme on en voit en Algérie ou en ex-Yougoslavie, des pays en guerre.

La violence : perte ou prise de contrôle ?
Bien sûr qu'il est révoltant de constater à quel point les femmes sont systématiquement agressées et torturées avant d'être tuées dans ces pays à feu et à sang. Bien sûr qu'il est affolant d'observer les statistiques de viol, ne serait-ce qu'au Canada. Évidemment que la violence sexuelle est criminelle, et que nous voudrions tous trouver de vrais coupables. Seulement, personne ne peut faire la preuve de liens entre la violence et la pornographie. On l'a dit, il existe des centaines d'études sur le sujet : certaines disent que les images, à long terme, peuvent avoir un effet néfaste sur les consommateurs de porno. D'autres disent que la pornographie n'a rien à voir avec les causes de la violence, qu'il faut d'abord que l'agresseur ait un « potentiel » violent pour commettre un crime. En fait, un homme chez qui la pulsion de violence est

présente trouvera n'importe quel prétexte pour passer aux
actes. Chez certains agresseurs, c'est la vue d'une statue
de cire qui déclenchera une pulsion de violence[4]. D'autres
sont excités quand ils regardent une femme tricoter[5].
Doit-on pour autant interdire les musées de cire ou les
aiguilles et les pelotes de laine ?

Même le rapport du comité Fraser en convient : la
pornographie, au même titre que l'alcool, la drogue ou
n'importe quel élément extérieur est souvent prise pour
excuse. « Il existe aussi la catégorie des personnes pré-
disposées à un comportement sexuel violent, qui trouvent
dans la pornographie l'idée ou la légitimation des actes
qu'ils ont envie de commettre[6]. »

Contrairement à ce que disent les pro-censure, une
agression sexuelle est une prise et non une perte de
contrôle. Les cas de violence conjugale le montrent bien :
pour qu'un homme exerce un contrôle sur sa conjointe
pendant plusieurs années, la soumettant au silence, c'est
qu'il la domine : aucune femme maîtresse d'elle-même
n'aime se faire battre, ligoter, torturer, menacer contre
son gré. Il faut qu'elle sente sa vie en danger pour se taire
et ne pas dénoncer sa situation. Il faut qu'elle vive sous
la terreur pour ne pas oser briser le silence, pour sup-
porter pendant des années, voire pendant toute une vie,
l'enfer de la violence conjugale. Si la femme qui vit ce
genre de situation ne peut parler, c'est qu'elle est sous la
domination de son conjoint. Autrement dit, la première
violence dans un cas comme celui-là, c'est l'inégalité des
sexes, l'inégalité entre les statuts sociaux de l'homme et
de la femme. Cette inégalité existait avant que n'entre
dans la maison un film porno ou une revue *Playboy*.

La notion de perte de contrôle est présente dans bien des esprits quand on parle de pornographie. Pourtant, si on adopte ce point de vue, on excuse toutes les formes de violence sexuelle; on dit, avec d'autres mots, que c'est aux femmes de surveiller leur habillement, leur image, leur comportement, leur langage, etc. Dans un numéro du bulletin de la Commission des droits de la personne du Québec, *Forum des droits et libertés,* publié en juin 1993, on définit ainsi la violence conjugale : « Cette violence n'est ni "explosion de colère", ni "perte de contrôle", mais au contraire un moyen de domination dans une relation inégalitaire que la personne menacée, maltraitée, "n'a pas le droit" de remettre en question[7]. » Ce point de vue mérite d'être développé par les juristes pour qu'on cesse une fois pour toutes de culpabiliser les victimes.

Il est d'ailleurs fort intéressant de constater combien les volontés gouvernementales peuvent être contradictoires. D'un côté on recommande la censure de la pornographie et, de l'autre, on refuse de reconnaître la violence : par exemple, ce n'est que depuis 1983 que la législation reconnaît le viol conjugal. Toutefois, à l'occasion d'une campagne d'information en 1986, le gouvernement québécois qualifiait encore cette violence d'« inacceptable », alors qu'elle devrait être criminelle.

Il est connu que les femmes victimes de violence connaissent leur agresseur[8]. Il fait souvent partie de leur environnement familial, de leur entourage ou de leur milieu de travail. Cela veut donc dire que c'est dans les structures familiales et sociales que les femmes sont le plus contrôlées. Bref, pendant qu'on tente de censurer les images, la violence conjugale fait des ravages, parce qu'elle n'est pas encore reconnue. Est-à cause de la pornographie ?

Dans son rapport final, le Comité canadien sur la violence faite aux femmes disait que cette violence « aujourd'hui comme dans le passé, est le résultat de l'inégalité sociale, économique, politique et culturelle. Cette inégalité peut prendre de nombreuses formes, mais la plus évidente est d'ordre économique. » Ce même rapport associait aussi l'inégalité au déséquilibre des pouvoirs : « Le déséquilibre du pouvoir inhérent aux rôles sexuels de l'homme et de la femme revêt encore plus d'importance dans le contexte de la dynamique de la violence des hommes envers les femmes. En règle générale, les hommes exercent le contrôle et les femmes sont contrôlées par eux. [...] Les femmes détiennent fort peu d'influence ou de pouvoir à l'intérieur de ces structures [police, justice, institutions religieuses], surtout si elles s'écartent du modèle d'épouses et de mères. [...] La femme qui tente d'acquérir l'indépendance économique pour atténuer sa vulnérabilité fait face à des obstacles structurels [9]. »

N'est-ce pas contre ce « déséquilibre des pouvoirs » qu'il faut lutter, au lieu de se battre contre des images ?

La pornographie et les stéréotypes

L'érotisme se discute dans les salons bien branchés, entre gens du monde. Il appartient à ceux qui savent apprécier les belles choses, qui connaissent l'art, les théories esthétiques et artistiques. L'érotisme est beau, la pornographie, plutôt moche. Seulement, de cette dernière, il s'en vend et s'en fabrique beaucoup. Par exemple, en 1993, à Hollywood uniquement, les observateurs s'accordent pour dire qu'il s'est tourné et vendu 2 400 films pornos pour un chiffre d'affaires de trois milliards de dollars[10].

Certains disent qu'à la différence de la pornographie, l'érotisme, lui, ne contient pas de clichés. Voyons voir comment ils le démontrent. Le Mouvement contre le sexisme dans les médias (MSM) publiait en 1993 *L'Enfer du décor*, un document dénonçant le sexisme dans la publicité et les vidéoclips. Voici comment on y différencie la pornographie de l'érotisme : « Il existe une alternative au modèle proposé par la pornographie. En effet, bien que plus difficile à définir, l'érotisme transmet des valeurs d'égalité, de respect, de liberté, de dignité et d'intégrité de la personne. Ce qui distingue clairement l'érotisme de la pornographie, c'est l'absence de sexisme[11]. » Ah oui ? Quelles sont les œuvres dans la culture populaire ou savante qui répondent à cette description ? Les Demoiselles d'Hamilton ?

Dans les thrillers « érotiques », du genre *Fatal Attraction, Basic Instinct, Single White Female, Diclosure,* ou autres, chaque fois qu'on dépeint une femme seule, célibataire et autonome, elle est criminelle, folle, ou psychopathe. Dans ces films, si une femme est nue ou en train de séduire un homme, c'est en général parce qu'elle est paumée ou hystérique. L'industrie du cinéma hollywoodienne montre bien que l'« érotisme » ne garantit pas les valeurs d'égalité, de justice, de pacifisme. Mais les stéréotypes (à l'endroit des sexes, des races ou des classes sociales) sont partout : dans les magazines ou la grande littérature, à la télévision comme au cinéma, dans les milieux de travail et dans la rue, dans les écoles comme dans les foyers, dans l'érotisme autant que dans la pornographie. L'angélisme de certains organismes, celui du Mouvement contre le sexisme dans les médias ou des féministes pro-censure, fait croire que l'érotisme met les femmes à l'abri de l'inégalité et de la violence. Il n'y a rien de plus faux.

Voici, pour illustrer la naïveté de cette croyance, un exemple de préjugé envers les femmes qui fait réfléchir. En 1986, La Collective Par et Pour elle [12], révèle dans une étude que 88,5 % des consommateurs de porno interrogés croient qu'une femme agressée est « souvent » ou « quelquefois » responsable du viol. Est-ce que ça veut dire que ceux qui n'en regardent pas ne partagent pas cet avis ? Pas du tout : ils sont 75 % à entretenir le même préjugé ! Toujours dans la même étude, 50 % des consommateurs de porno pensent que la femme provoque « quelquefois » le viol, contre 48,2 % de non-consommateurs. Il n'y a que 2 % de différence ! Cela veut dire que ces individus, qu'ils regardent ou non de la porno, ne croient pas que les violeurs soient responsables de leur acte.

Criminalité et marché noir

Mais revenons à notre petit manuel de savoir-vivre, *L'Enfer du décor*. Malgré la drôle de morale de ses auteurs, on y apprend beaucoup de choses : « Le milieu de la pornographie est relié à un réseau spécialisé d'activités criminelles : prostitution, drogues, recel, etc. ; les consommateurs de pornographie sont à 95 % des hommes ; les cassettes vidéo pornographiques se vendent trois fois plus que les cassettes "ordinaires"; des études étatsuniennes ont révélé une augmentation de 300 % de l'utilisation de la violence sexuelle dans *Playboy* et *Penthouse* au cours des dernières années ; il existe 20 000 salles de spectacles pornos/sex shops en Amérique du Nord : quatre fois plus que des restaurants McDonald ; *Playboy* et *Penthouse* ont à eux deux un tirage plus grand que *Newsweek* et *Time* ; la ville de New York dispose de six chaînes de télévision payante qui ne diffusent que de la porno "dure" vingt-quatre heures sur vingt-quatre ; des 2,5 milliards de dollars de profits réalisés par l'industrie pornographique étatsunienne, 1 milliard provient de la pornographie qui exploite les enfants [13]. »

Il ne faut pas être un génie pour comprendre que plus un milieu est clandestin, plus la criminalité y fleurit. Or on ne connaît presque rien du milieu de la pornographie : en regardant de près les données et les chiffres révélés par le Mouvement contre le sexisme dans les médias, on a toutes les raisons de s'opposer à la censure, qui ne ferait qu'augmenter les risques et les dangers pour les gens du milieu de la pornographie, notamment pour les femmes. Les mouvements pro-censure sont naïfs : l'industrie de la porno ne disparaîtra jamais, ni les « métiers du sexe » en général. Au contraire, plus les sociétés sont répressives, plus le marché du sexe se développe et pas dans les meilleures conditions. Ainsi, pour son livre *XXX, A Woman's Right to Pornography*, Wendy MacElroy [14] a rencontré un grand nombre de femmes travaillant dans le milieu de la pornographie qui, pour la plupart, signent des contrats avec leurs producteurs. Si ce n'est pas encore une règle officielle de tout le milieu (les contrats ont cours dans les maisons de production reconnues et conformes aux lois), il va sans dire que l'ouverture de l'industrie ne peut que profiter aux femmes. Mieux protégées, elles ont alors des recours pour dénoncer l'exploitation ou la violence.

Croire à un monde sans pornographie relève de l'utopie ; agir comme si cela pouvait un jour arriver, c'est de l'irresponsabilité, c'est oublier d'investir un des domaines où les femmes sont les plus soumises aux préjugés et à la violence. Dans un contexte où la pornographie est très répandue, où l'industrie du sexe profite d'un essor considérable, la censure ne peut qu'entraîner plus de criminalité et d'exploitation ; par exemple, si l'on commence à demander, voire à exiger, le port du condom sur des plateaux de tournage, c'est que le milieu devient un peu plus transparent. Imaginez si la censure s'en mêlait... Le marché noir de la pornographie signifierait encore plus d'abus, de MTS, de violence. Que les gens du milieu travaillent dans un contexte plus positif, une industrie plus transparente, cela nous semble la perspective la plus intelligente.

Images à effets variables

Ceux qui militent en faveur de la censure craignent beaucoup les images sexuellement explicites. Dans les commissions d'étude sur la pornographie, on a plus d'une fois examiné les mille détails qui peuvent faire de l'effet à des yeux trop chastes ou aux esprits tordus. Les commissaires, les chercheurs, les scientifiques ou les psychologues se réunissent dans une salle obscure ; ils observent sur écran géant des femmes et des hommes qui écartent les jambes, montrent leur sexe, réclament le fouet, les menottes, crient de douleur ou de plaisir, se déshabillent sans pudeur. Dans cette salle à l'abri du grand public, les gens prennent des notes, étudient telle ou telle scène, passent des commentaires. Y a-t-il quelqu'un dans cette salle, qui, le soir venu, n'aura que l'envie d'obliger sa femme à essayer toutes les positions du kāma sūtra en lui pointant un revolver sur la tempe ? Mais non, voyons. Ces gens-là sont des scientifiques, des êtres raisonnables, ils maîtrisent donc parfaitement leurs instincts et leurs sensations. En fait, cette situation, que ce soit dans les commissions d'étude sur la porno ou dans les bureaux de Douanes Canada, est courante. Au point même que le gouvernement canadien a commandé une étude sur le comportement des douaniers délégués au classement de matériel obscène. Après tout, ce sont des êtres humains. À force de visionner tant de films et de lire autant de cochonneries, peut-être céderont-ils eux aussi à des pulsions irrésistibles et deviendront-ils des agresseurs ? Eh bien non : William Marshall et S. M. Hodkinson, deux psychologues de la Queen's University concluent que les douaniers ne sont pas du tout affectés par ce qu'ils voient. Comme le rapportait le journaliste Victor Tzakov dans l'hebdomadaire *Hour*, « les employés pensent que ce qu'ils regardent n'est pas dangereux pour eux, mais l'est pour les autres Canadiens[15]. »

On donne aux images un très grand pouvoir. On les croit capables de modifier le comportement et la psychologie des individus. Peut-être ont-elles en effet des répercussions sur la psyché humaine. Mais comment mesurer cette influence ? Personne n'a de réponses.

De plus, lorsque les chercheurs ou les commissaires cherchent à prouver l'influence des images, ils créent tout un contexte qui contredit aussitôt leur démonstration : ils prouvent qu'on peut regarder des images sans risque, que leur influence dépend, justement, du contexte. Autrement dit, c'est avant tout le regard qui est pornographique, comme l'a si justement noté Bernard Arcand dans *Le Jaguar et le Tamanoir*.

Or il y a déséquilibre dans le fait d'appliquer la censure : on interdit, exerçant ainsi un pouvoir absolu, alors qu'on est incapable de certifier l'existence d'un lien direct entre images et violence, de prouver et de mesurer ce lien.

Il faut se méfier des conclusions hâtives sur les effets de la porno. À notre avis, la violence sexuelle ne vient pas de la permissivité de la sexualité, comme le pensent les esprits conservateurs. Elle vient de sa répression. On pense trop souvent que lorsqu'un homme regarde un magazine érotique ou porno, il développe automatiquement un comportement violent... Ce n'est pas la réalité. Les prédateurs sexuels ont souvent un passé psychiatrique, psychologique et affectif déterminants. Leur crime peut être déclenché par n'importe quel élément extérieur, et la pornographie en est un parmi d'autres. S'ils commettent des crimes, c'est qu'ils ne connaissent pas les frontières, n'ont aucun respect, aucune empathie envers les autres, ne savent pas où leur désir s'arrête. S'ils ne connaissent pas leurs limites, leurs pulsions sont souveraines.

En ciblant la pornographie, le féminisme pro-censure nuit à la liberté des femmes. Il fait en sorte que la société entière considère la pornographie comme la cause de la violence et en néglige les vraies causes qui sont surtout institutionnelles. Le pire, c'est qu'en agissant ainsi, le féminisme pro-censure encourage la société à restreindre la liberté d'expression et affaiblit les mouvements qui proposent d'autres approches, d'autres réflexions. Par exemple, les groupes qui défendent les droits des prostituées (telle la Canadian Organization for the Rights of Prostitutes) ne trouvent pas l'appui des institutions féministes. Lors de la conférence *Challenging Our Images : the Politics of Prostitution and Pornography* tenue en 1985 à Toronto, féministes et travailleuses du sexe ne partageaient pas du tout la même conception de la sexualité et de la pornographie. Les unes disent la porno responsable de l'inégalité sociale (comme le formule Susan G. Cole : « Pornography and Prostitution make inequality sexual [16] »), tandis que les autres ne voient pas pourquoi on considère dégradant de gagner sa vie avec son corps. Les prostituées ou les actrices de porno invitées à cette conférence déploraient que des soi-disant féministes blâment les images de la publicité ou de la porno, des agents extérieurs, et jugent ces images responsables de la violence sexuelle. Malheureusement, comme la plupart des adversaires de la censure, on les considère comme des complices de l'industrie pornographique.

CHAPITRE IV

LA DÉGRADATION

promenade sur la Main

DÉGRADATION : « Destitution infamante d'un grade, d'une dignité. (…) » *Petit Robert.*

Quand on se promène rue Sainte-Catherine ou boulevard Saint-Laurent, dans le *Red Light* montréalais, on croise des dizaines d'affiches toutes aussi explicites les unes que les autres. Des dessins de femmes lascives, des cages d'escaliers tapissées de poitrines gigantesques et de visages cachés sous des couches de noir, de bleu et de rouge, des paires de fesses huilées et présentées comme des bonbonnières aux passants.

Il arrive aussi, quand on se rend au dépanneur acheter son litre de lait, de rencontrer un lecteur dissimulé derrière des revues pornos. Il existe d'ailleurs plusieurs variétés de magazines : pour couples, pour femmes ou pour hommes, pour gais ou hétéros ; sur les pages de ces revues, on trouve, entre autres, des femmes tatouées, des rockeuses, des femmes musclées, des blondes, des brunes, des noires ou des blanches, rivalisant de poitrine et de hanches, de sourires langoureux et de regards gloutons.

Dans les clubs vidéo, on rencontre encore plus de diversité derrière les panneaux qui cachent les sections réservées aux amateurs. Les pochettes vidéo présentent tous les fantasmes possibles ; le plus souvent, les femmes sont présentées comme des tigresses, seules ou avec d'autres femmes ; on trouve aussi des scènes d'orgie chez les riches et les pauvres ; des pénis et des seins gonflés à bloc ; des attirails sadomasochistes, du plus traditionnel au plus extravagant ; bref, on trouve de tout.

Ces portraits de femmes échevelées, montrant leur poitrine et leur sexe, sont des images que beaucoup de féministes trouvent offensantes pour toutes les femmes en général. Par exemple, deux Torontoises ont porté plainte, en 1993, contre un dépanneur qui vendait des revues pornos : elles affirmaient dans leur déclaration que la présence de revues érotiques « empoisonn[ai]ent l'atmosphère » et que leur présence constituait une forme de discrimination envers les femmes, les images pornos donnant « une image dégradante et stéréotypée[1] ». Le mot est lâché. Ce concept de « dégradation » a envahi la rhétorique féministe de tous les côtés. C'est la nouvelle façon de dire que l'on se sent « offusquée », touchée dans son intégrité féminine. « Le fait d'apercevoir ici et là des petits bouts de pornographie déclenchera une fureur salutaire chez toute femme qui a un tant soit peu le sens de sa valeur intrinsèque[2] », a déjà affirmé Andrea Dworkin, disant ainsi à celles qui ne connaissent pas cette « fureur salutaire » qu'elles ne valent pas grand-chose.

Mais que veut dire « valeur intrinsèque » ? D'où vient qu'une femme représentée dans un contexte sexuel ou pornographique nous fasse perdre notre dignité ? Cette fameuse valeur intrinsèque est-elle liée à notre féminité ? Contrairement à Dworkin et à d'autres féministes, nous ne nous sentons pas *personnellement* offensées par des images pornographiques montrant d'autres femmes qui ont choisi d'y être. Si des femmes ont envie de s'exposer publiquement, de montrer leur corps et de s'exhiber, pourquoi faut-il que cela touche le genre féminin au complet ? On peut trouver des images belles, moches, ridicules, répugnantes, choquantes, absurdes, drôles ou révoltantes... Cela n'a rien à voir avec notre « dignité » de femme.

La « *dégradation* » *de la femme*

Il faut faire un bref retour en arrière pour comprendre d'où vient ce concept de « dégradation ». Dans les années 1970, on parlait plutôt d'obscénité. La notion de dégradation, telle que reconnue par le mouvement féministe, remonte à 1977, pendant un colloque, « Perspectives féministes sur la pornographie », qui se tenait à San Francisco. Cet événement fut suivi d'une marche, « Take Back the Night », au cours de laquelle des femmes manifestaient la nuit pour dénoncer le danger qu'elles couraient lorsqu'elles sortaient seules (les marches de nuit ont été reprises dans plusieurs villes d'Amérique du Nord, dont Toronto et Montréal).

Mais un autre événement, beaucoup plus grave, mit le feu aux poudres : la projection du film *Snuff*, à Rochester, dans lequel une femme aurait été réellement torturée, violée et assassinée. À partir de ce moment-là, la pornographie devenait la croisade du féminisme et, même, incarnait la source de la violence envers les femmes. On venait d'établir un lien entre crime et pornographie.

Auparavant, on analysait la pornographie d'un point de vue conservateur (on la disait obscène) ou libéral (elle était une forme d'expression, une vision de la sexualité). L'approche féministe propose désormais sa grille d'analyse : liée à la perte de valeur « intrinsèque », la dégradation dépeinte dans les images pornographiques est un facteur pouvant entraîner la discrimination ou la violence envers les femmes. Pour les féministes pro-censure, la pornographie est donc une forme de violence, sinon la violence « originelle ». Ce concept se retrouve désormais dans l'application de nos lois, par le biais de l'arrêt Butler, puisque le juge lui-même a statué que la pornographie pouvait « victimiser » les femmes[3].

Le lobby féministe pro-censure est très fort. Il a été assez convaincant pour influencer la justice ; mais peut-être la société a-t-elle aussi trouvé dans cette bataille l'occasion de juger la pornographie tout en croyant faire le bien. Après tout, on fait d'une pierre deux coups en appliquant la censure : on nettoie les ondes selon des valeurs arbitraires et conservatrices, et on rassure les groupes féministes. Tactique politique connue, si ce n'est que toutes les féministes ne sont pas d'accord avec cette subite alliance entre libéraux et puritains.

D'ailleurs, une fois qu'on a admis que certaines images puissent être « dégradantes », comment les reconnaître ? L'image d'une femme vêtue de cuir ou de sous-vêtements de soie en train de poser devant une caméra est-elle plus offensante que celle des corps maigres des mannequins vedette d'aujourd'hui ? À l'aube de l'an 2000, on voit encore des filles vendre des voitures avec des sourires niais et béats, des maîtresses de maison vanter les mérites de savons à vaisselle, d'aspirateurs, de nettoyants à vitres, ou de Cheez-Whiz, bref, la publicité nous assomme avec des images de femmes qui ne mettent pas en vedette leur intelligence… Et pourtant, on n'interdit pas ces images.

Mais dès qu'il s'agit de pornographie, la tentation est très grande pour tous, esprits conservateurs et libéraux, hommes et femmes, puritains et féministes, d'interdire. On dit que les hommes méprisent les femmes parce qu'ils regardent des images où les femmes sont avilies. Le morcellement du corps féminin expliquerait ce mépris, cette façon de voir la femme comme un objet éternellement disponible. Néanmoins, on pourrait trouver autant d'images non pornographiques où les femmes sont aussi peu valorisées que des objets. Il y a bien sûr la publicité, le cinéma traditionnel, l'industrie de la mode, mais on peut trouver pire ; les ravages de la chirurgie esthétique, ceux de l'anorexie. Bref, on trouve bien d'autres exemples qui donnent une image négative de la femme. Mais plutôt que d'interdire ces images, nous nous servons de mécanismes importants pour les combattre : l'éducation, la prévention, la sensibilisation. Ces trois mesures ont bien plus leur place dans une démocratie que la censure.

Le vice et la vertu

Le féminisme pro-censure tient un double discours envers les femmes : il prétend les défendre, mais condamne celles qui vivent de la pornographie, comme de n'importe quel travail du sexe. En effet, en appuyant la censure, le féminisme radical encourage la société à blâmer toutes celles qui projettent une autre image que celle de la femme réservée, pudique. Au nom de quoi ? De l'atteinte à leur environnement, à leur dignité, à leur identité féminine. L'argument de la « dégradation » est devenu partie intégrante du discours féministe orthodoxe. On a vu plus souvent des groupes féministes défendre des travailleuses d'usine que des actrices de porno. Ces dernières sont-elles moins « méritantes » ? L'ouvrière gagne sûrement moins qu'une femme qui travaille dans la porno, mais ce n'est pas pour cela que le féminisme pro-censure se dissocie de la pornographie. C'est par conviction idéologique, parce que ces féministes jugent la porno « dégradante » : cela revient au même que de dire à la victime de viol qu'elle est la première coupable. Qu'elle n'avait pas à se promener seule la nuit en jupe et talons hauts.

Quand Madonna a lancé son premier disque, on a entendu pas mal d'insultes à son propos, toutes plus ou moins liées à son aspect physique, à son image. Évidemment, Madonna ne déteste pas qu'on parle d'elle. Le problème, c'est que la plupart des gens ont surtout souligné sa vulgarité, son exhibitionnisme. Plus tard, quand elle a sorti ses vidéoclips, *Justify My Love* ou *Express Yourself*, Madonna jouait avec des aspects de la sexualité carrément controversés, comme le sadomasochisme ou l'androgynie. La chanteuse projetait dans ces clips l'image d'une sexualité féminine débridée. Les esprits conservateurs et certaines féministes lui ont reproché de présenter une vision dégradante de la sexualité féminine. Pourtant, Madonna a brisé des tabous et ouvert la voie par son autonomie et son indépendance d'esprit à d'autres chanteuses ou « performeuses ». Les féministes auraient dû venir à sa défense et non la condamner; la seule à s'être prononcée, c'est Camille Paglia (essayiste et professeure de sciences sociales à la University of the Arts, à Philadelphie), elle aussi violemment contestée par l'establishment féministe américain.

Que reproche-t-on, au juste, à des filles comme Madonna, Annie Sprinkle ou Susie Bright, d'autres

« performeuses » qui parlent beaucoup de sexualité ? D'être exhibitionnistes ? Impudiques ? Provocatrices ? Un peu tout cela. On leur reproche surtout de parler de sexe, d'oser aborder en « leader » un sujet que les femmes investissent plus souvent comme subordonnées... On les blâme aussi pour la liberté qu'elles prennent à jouer avec des images convenues de la femme (la vierge et la putain, par exemple) ; de même qu'on désapprouve, particulièrement les féministes, qu'elles utilisent leur corps... Comme si l'image que donne Madonna de la femme s'appliquait à toutes les autres femmes. Mais c'est faux. S'il y a une leçon à tirer des performances de Madonna, c'est justement qu'il faut être soi-même, et imposer ses volontés, sa manière de voir. Or la seule chose que retiennent les conservateurs ou les féministes radicales, c'est l'élément sexuel de leurs discours.

En 1988, le Comité consultatif canadien sur la situation de la femme (CCCSF) disait dans un rapport sur la pornographie qu'« un comportement est considéré dégradant, *peu importe* que les participants aient consenti ou semblent avoir consenti ou non à l'activité, et qu'ils en tirent ou semblent en tirer du plaisir[4] ». Autrement dit, le Comité juge que le consentement d'une femme n'a pas de valeur; ce que font les femmes dans la pornographie est dégradant, un point, c'est tout.

Les féministes disent aussi que les femmes qui travaillent dans l'industrie de la pornographie ne choisissent pas ce qu'elles font. Elles y travailleraient soit à cause de leurs mauvaises conditions économiques et sociales, soit par désespoir, soit parce qu'on les y oblige.

Et voilà qu'on se lamente sur leur triste sort, sur l'injustice de la société, sur l'influence néfaste des médias. Pourquoi ne dit-on jamais que des femmes choisissent ce métier ? Que certaines font beaucoup d'argent, bien plus que dans un McDonald ou un salon de coiffure ?

En fait, ce que révèlent ces lieux communs sur les femmes et la pornographie, c'est qu'elles ne sont pas assez intelligentes pour décider seules de leur vie. Quand il est question de sexualité, on imagine que les femmes n'ont plus d'autonomie, qu'elles sont influencées, droguées, manipulées, à la merci d'un monde sans pitié qui les force à se déshabiller.

Ce genre de préjugé est l'un des pires que l'on entretient à l'égard des femmes. En disant qu'elles ne sont pas tout à fait conscientes de leur choix et de leur sort, on les infantilise, on les réduit au statut de mineure et, en plus, on diabolise la sexualité. Ça ne vous rappelle rien ?

Nous sommes tous, hommes et femmes, et quelles que soient nos activités, influencés par la société, mais nous prenons des décisions et menons nos vies selon nos désirs et notre volonté, dans la mesure du possible. Pourquoi les femmes perdraient-elles toute capacité d'évaluer les conséquences de leurs actes quand elles jouent dans des films pornos ? Jugerait-on de la même façon toutes celles qui décident de passer leur vie à s'éreinter dans des usines en échange d'un salaire de crève-faim ?

En fait, aux yeux de la société en général, et des féministes pro-censure en particulier, une femme travaillant dans le domaine du sexe (pornographie, prostitution, lignes érotiques, danses aux tables, etc.) est déjà fautive, quoi qu'il arrive. Et cette perception est présente partout dans les mentalités et les institutions.

Voici, par exemple, comment on traite les femmes dans le système de justice, et comment certains préjugés des magistrats reposent sur la même conception puritaine de la sexualité. Dans un récent rapport (1993) du Regroupement des Centres d'aide et de lutte contre les agressions à caractère sexuel (CALACS), les chercheures dénoncent le sexisme flagrant de certaines cours de justice. Il faut lire les transcriptions de procès pour se rendre compte des dégâts... Par exemple, voici comment s'y prennent les avocats de la défense dans leurs interrogatoires : « [...] faut quand même faire des différences entre la jeune fille tout à fait étudiante qui se fait attaquer par quinze motards puis qui se fait violer sur le coin de la rue [...] » ; « Une barmaid qui travaille dans un bar depuis un an et demi, face aux hommes, elle est pas la jeune fille [...] qui travaille chez monsieur le curé »; ou encore : « Est-ce que ça arrive des fois que vous ne portez pas de caleçons [entendre petites culottes] en dessous de vos jeans[5] ? » Quand on lit ça, on se dit que la pornographie traite parfois mieux les femmes que la justice...

En fait, ces remarques insultantes reposent sur des stéréotypes archaïques : l'étudiante pure et innocente, la barmaid provocatrice, l'idée qu'il puisse exister un viol moins grave qu'un autre... Des femmes venues chercher justice au sein d'un système qui devrait les défendre sont déjà condamnées à cause de l'image qu'on a d'elles. Au fond, on demande aux femmes victimes d'agressions sexuelles de faire la preuve de leur innocence ! Ces clichés existent aussi en ce qui a trait à la pornographie. Une femme qui y travaille, qui vit dans ce monde, est déjà coupable de quelque chose.

Les féministes ne font pas beaucoup mieux. Prenons un exemple dans le rapport du CCCSF : il considère « dégradant » (outre la bestialité, la nécrophilie, l'inceste) des situations qui prêtent largement à interprétation : « la représentation ou la description de la grossesse, de l'allaitement ou des menstruations, si ces fonctions sont dénaturées ou si elles sont décrites comme objet de ridicule[6] ». Que veut dire « dénaturées » ? À ce titre, on pourrait censurer les images qui montrent une femme enceinte faisant l'amour avec un homme où la scène est décrite de façon explicitement sexuelle. Si les féministes se mettent à promouvoir ces préjugés, nous ne sommes pas sorties du bois : cette définition de la dégradation est fondée sur une conception biologique de la féminité – l'image maternelle de la femme – qui n'a rien à voir avec la réalité, surtout pas après vingt-cinq années de luttes féministes.

Bref, que ce soit de la part des institutions ou des féministes, on trouve encore souvent ces images convenues et dépassées de la vierge ou de la putain, de la femme pure ou de la dépravée.

La vraie question au centre du débat sur la pornographie, c'est le rapport des femmes à la sexualité. C'est pour cette raison que la notion de « dégradation » est ambiguë : Qu'est-ce qui est dégradant : montrer son corps ? parler ouvertement de sexe ? briser le tabou de la modestie féminine et, du coup, celui de la féminité ? Si l'on est vraiment pour la liberté des femmes, aucune de ces situations ne devrait être dégradante.

Les femmes et le sexe

Dans son spectacle, *Post-Post-Porn Modernist*[7], la « performeuse » Annie Sprinkle raconte la vie d'une prostituée par le biais de la provocation sexuelle (exhibitionnisme, monologues, etc.). Décrivant le milieu de la prostitution et de la pornographie, Sprinkle s'affuble d'accessoires et de godemichés qui font d'elle une pornographe. Les réactions n'ont pas tardé. Le chroniqueur culturel du *Journal de Montréal*, Franco Nuovo, a traité Annie Sprinkle de « prof de branlette », regrettant qu'elle ne fût même pas jolie[8]...

Le spectacle, auquel nous avons assisté, était plutôt revendicateur : Sprinkle abordait la démythification du corps, critiquait les préjugés à l'endroit des femmes faisant partie de l'industrie du sexe, etc. Elle n'était ni exploitée par un homme ni soumise à une quelconque violence.

Aux yeux de nombreuses personnes, et notamment des hommes, Annie Sprinkle a dégradé l'image convenue de la femme ; on n'aime pas voir les femmes s'exposer en public, être immodestes, qualité féminine qui les garde à l'abri du regard de l'homme. On n'aime pas non plus que les femmes remettent en question les codes sociaux, l'injustice, l'hypocrisie. Pourtant, c'est en investissant le champ public de la sexualité que les femmes changeront les codes et empêcheront qu'on les associe toujours à des images de victimes.

Curieusement, aucune féministe, sauf Francine Pelletier[9], n'est venue à la défense d'Annie Sprinkle. Pourtant, le CCCSF disait bien dans ses recommandations en 1988 : « Les femmes doivent aussi être **libérées du silence** [en gras dans le texte] et **libres** [en gras dans le texte] de signaler les obstacles à l'égalité, de dénoncer la violence et de s'exprimer sur leur vie, leurs expériences et leurs aspirations [10]. » C'est exactement ce que faisait Sprinkle.

Deux poids deux mesures

Une des étapes qui mène à l'égalité des sexes, c'est l'autonomie et la liberté sexuelles des femmes. On pense bien sûr au droit à l'avortement, à la contraception, au divorce. Mais on parle peu de l'homosexualité, de la promiscuité sexuelle, parce qu'elles transgressent un tabou, celui de la modestie féminine. On a tendance à penser que la révolution des mœurs a changé bien des choses. Il est vrai que les femmes ont revendiqué le plaisir sexuel, le besoin d'expérimenter, d'explorer la vie sexuelle sans culpabilité, et sans qu'il y ait nécessairement grossesse.

Mais on a encore du mal à accepter certaines choses de la part des femmes. Par exemple, le fait qu'elles séparent le sexe et l'amour, comme le font les prostituées ou les actrices de porno, reste encore tabou. Pourtant, on tolère que les hommes aillent dans les bars topless, qu'ils louent des films pornos, qu'ils se paient une prostituée, un peep show, une danse à dix. On tolère des hommes qu'ils « marchandent » un corps. Mais on refuse d'admettre le libre arbitre d'une femme qui marchande son propre corps : on dit alors qu'elle dégrade les autres femmes, qu'elle incite les spectateurs à la violence et à la dépravation. Que penser alors des clients qui se paient un film porno ou un peep show ? Est-ce qu'on déclare à coups d'études et de recherches qu'ils dégradent toute leur «race»? Non, on considère qu'il s'agit d'individus qui agissent selon leur libre arbitre.

Les hommes regardent de la pornographie et séparent le sexe de l'amour, de la même manière que les femmes qu'ils voient sur leurs écrans le font. Pourtant, ce sont les femmes que l'on juge et non les hommes.

Le féminisme radical cultive aussi des préjugés à l'égard des femmes du milieu. Soit qu'il présume qu'elles ne comprennent pas ce qu'elles font et ne sont pas conscientes de leurs choix; soit qu'il les rejette, comme si leur expérience, leur vie, leur travail étaient avilissants pour toutes les femmes. Mais le féminisme fait erreur en n'appuyant pas les femmes qui travaillent dans le milieu du sexe, en dénonçant, par exemple, les préjugés dont elles sont l'objet. Pourquoi le féminisme défend-il les droits des mères adolescentes, des autochtones, des femmes handicapées, et pas ceux des femmes du milieu du sexe quand elles sont soumises à toutes sortes d'injustices et d'agressions? Valent-elles moins que les autres? Une femme perd-elle sa dignité parce qu'elle vend son corps? C'est un peu ce que disent les mouvements pro-censure qui se désolidarisent des femmes qui n'épousent pas leur point de vue. Bien entendu, il n'est pas nécessaire, pour être épanouie, d'offrir son corps aux caméras. Mais il y a encore des femmes qui pensent que le sexe salit leur corps, surtout quand il est public.

La question n'est pas de savoir pourquoi certaines femmes décident de faire de la porno, ou encore, de se prostituer. Cela les regarde. Par contre, il est néfaste que des femmes qui se disent féministes considèrent comme inférieures celles qui ont d'autres valeurs. Certaines, comme Bonnie Klein et Dorothy Hainault dans leur film *It's Not a Love Story, A Film About Pornography*, essaient de se rapprocher, de comprendre les femmes de l'industrie du sexe, bien que leur parti pris contre la pornographie soit assez évident. Mais peu, en théorie comme en pratique, viennent à la défense de ces groupes de femmes.

Le tabou de la modestie féminine

D'où vient que l'on n'accepte pas que des femmes vivent de la pornographie ? Ce n'est pas pour rien que la bataille contre la porno réunit féministes radicales et groupes de droite. Tous s'entendent au moins sur un point : les femmes, pour rester dignes, intègres, n'ont pas à être associées au sexe de façon aussi explicite. Sinon, elles transgressent un interdit de taille : la modestie.

Difficile d'analyser cette valeur sacrée entre toutes sans parler de religion. Que ce soit la religion chrétienne, qui prescrit aux femmes la réserve, la douceur, qui exige de ses fidèles qu'elles gardent le foyer familial, qu'elles en défendent ardemment les valeurs ou que ce soit une certaine interprétation de l'islam, qui impose le port du voile à ses adeptes, la religion exige des femmes la discrétion et l'humilité. Par exemple, porter le voile signifie dérober son corps aux regards des hommes, cacher ses formes. Cela veut dire, surtout, qu'il ne faut pas tenter l'homme étranger. Cette notion est très importante parce qu'elle implique que la femme appartient à une communauté – en l'occurrence des hommes –, et que, à l'extérieur du clan, elle est vulnérable. Le fait qu'elle appartienne à une famille (à son époux, à ses frères, à son père, etc.) lui garantit la protection de celle-ci. Mais pour avoir droit à ce statut, il faut que la femme soit voilée. Il ne faut pas qu'elle montre le moindre signe de séduction, sinon elle sort de la cellule, du clan, des structures qui lui donnaient une dignité. Elle est à tout le monde. Elle a perdu sa virginité morale et physique, son intégrité, sa valeur, son honneur et sa vertu...

Dans les années 1950 et 1960, la télévision américaine nous montrait aussi des modèles de femmes rangées. Les conventions sociales exigeaient qu'elles servent leurs maris, soient de bonnes mères, etc. Les temps ont changé et, aujourd'hui, la femme du président américain fait davantage partie du paysage politique alors que, auparavant, on se contentait de juger ses aptitudes à la pâtisserie et au tricot.

Mais il reste un domaine que les femmes ont encore à conquérir, c'est celui des représentations sexuelles. Chaque fois qu'elles sortent du cadre permis, comme dans la porno par exemple, les femmes perdent leur crédibilité aux yeux de la société. Nous l'avons montré dans le cas de Sprinkle, mais toutes les femmes de l'industrie du sexe sont dans cette situation : elles ne sont pas de « vraies » femmes, parce qu'elles transgressent jour après jour le tabou de la modestie. Bien sûr, les femmes occidentales ne portent pas de voile pour se cacher des regards étrangers ; mais si elles s'exposent publiquement, c'est leur réputation et leur intégrité qui sont en jeu.

Dans la pornographie ou la prostitution, les femmes sont vues comme des êtres sans vertu (on dit d'ailleurs des « filles » et non plus des « femmes » quand on parle de ce milieu). Elles ont montré leur corps au public, elles appartiennent donc aux autres. Le débat autour du *lap dancing* a d'ailleurs bien montré que l'on s'attendait à ce qu'une femme qui danse nue franchisse la limite sans trop de problèmes. Ce qu'on se dit, c'est qu'elle peut bien avoir des contacts sexuels, puisqu'elle accepte de se montrer nue. Bref, on conclut que, si une femme s'expose publiquement, c'est qu'elle se livre sans limite aucune : si elle brise le tabou de la modestie, nous avons tous les droits sur elle. C'est ce que se dit l'agresseur qui viole une prostituée.

Le tabou de la modestie est un des plus grands obstacles à la libération sexuelle des femmes. Que ce soit à cause de la religion, des conventions ou de l'ordre social, on exige des femmes une soumission à la pudeur, à défaut de quoi elles perdent toute valeur.

Dans un reportage réalisé par la télévision hollandaise, diffusé à la SRC en 1995, des Somaliennes affirmaient que la femme, pour garder son honneur et sa fierté, devait se faire exciser. Les petits filles doivent subir ces mutilations afin de garantir à leurs futurs époux qu'elles seront vierges et immaculées le jour du mariage. Qu'est-ce que cela signifie ? Qu'une femme qui a déjà fait l'amour, qui a déjà montré son corps à un autre homme, ne vaut plus rien. Que ces petites filles ne puissent jamais éprouver de plaisir sexuel ne semblait nullement inquiéter leur mère.

Malgré tout ce qui semble séparer ces femmes et celles qui travaillent dans le milieu de la pornographie, il y a un point commun : pour une femme, montrer son corps en public, c'est mettre en jeu son intégrité morale. Ici, en Occident, les esprits conservateurs doutent de la valeur, de l'intégrité et de l'intelligence d'une femme qui montre son corps, qui gagne sa vie en l'exposant en public.

CHAPITRE V

LA PORNOGRAPHIE
DES FEMMES

CERTAINES SONT JEUNES, d'autres moins. Un grand nombre d'entre elles, actrices, créatrices ou intellectuelles, font partie de ce courant américain des années 1990, le *sexual politics*. Ce courant désigne l'engagement sur les plans politique, social ou communautaire, mais englobe également la création artistique et la performance. Au cours de leurs interventions, ces féministes nouveau genre démythifient la sexualité des femmes, abordent la sexualité protégée, le plaisir, l'imagination ou, encore, parlent d'éducation et de prévention. Ce mouvement connaît un certain essor aux États-Unis et au Canada anglais.

Les femmes pornographes

Ces femmes s'affichent ouvertement contre la censure, parce qu'elles refusent que l'on pense à leur place. Parmi leurs sujets de prédilection, le sexe est en première place. Dans le manifeste écrit à la fin des années 1980 par Veronica Vera, alors partenaire d'Annie Sprinkle, *The Post-Porn Modernist Manifesto,* les deux femmes déclarent : « Nous utilisons les mots sexuellement explicites, les images et les spectacles pour communiquer nos idées et nos émotions. Nous dénonçons la censure de la sexualité et la jugeons anti-artistique et inhumaine. Nous promouvons une attitude de "sex-positivism[1]". » Sprinkle s'est déjà vu refuser l'accès à des salles de spectacles aux États-Unis ; une autre créatrice, Karen Finley, « performeuse » américaine, a été censurée par le National Endowment of the Arts (organisme gouvernemental qui subventionne les arts aux États-Unis), pour avoir monté une pièce dans laquelle elle était nue et présentait une satire politique et sociale tout en explorant les tabous sexuels[2].

On n'aime pas beaucoup entendre les femmes parler de sexe. Cela dérange. Les critiques vont même parfois jusqu'à mépriser celles qui le font ; la manière dont on a reçu le spectacle d'Annie Sprinkle à Montréal est un exemple éloquent de l'accueil que l'on réserve aux femmes qui affichent leur sexualité, qui expriment leurs goûts, leurs fantasmes ou, simplement, qui s'exhibent.

Dans un article sur les femmes dans l'industrie de la musique et des vidéoclips, paru en janvier 1994 dans l'hebdomadaire *Newsweek,* on rapportait cette remarque faite par une chanteuse : « You can be sexy and still want respect[3]. » (On peut être sexy et exiger d'être respectée.) Et comment donc ! Nous pensions que cela allait de soi. Que l'on avait dépassé ce genre de puritanisme. Qu'il faille réaffirmer ce type de déclaration en dit long sur la perception des femmes « sexuées » qu'ont le public et les femmes elles-mêmes.

L'analyse féministe des images féminines (dans la peinture, au cinéma, dans la photographie, dans la musique, enfin, un peu partout) a déjà fait état des stéréotypes. Les images du vice et de la vertu opposent les viragos et les soubrettes, les vierges et les prostituées, les naïades et les amazones[4]. Ce qui est mis en contraste dans ces images, c'est la vulnérabilité des unes et le contrôle qu'exercent les autres. De nombreuses féministes anti-censure reprochent à Catharine MacKinnon et à Andrea Dworkin, entre autres, d'avoir réactualisé dans leur projet de loi ces clichés qu'on venait à peine de reconnaître : elles ont fait de la sexualité une zone d'oppression pour les femmes, alors que les batailles des années 1970 nous avaient, c'est ce que nous pensions en tout cas, libérées de ces images stéréotypées[5].

Mais attention : la pornographie n'est pas exempte de tous ces tabous. Au contraire, elle les contient tous ! C'est précisément ce que dénoncent les femmes qui vivent de la pornographie et en produisent. Ah, bien sûr, ce n'était pas sur ce terrain qu'on s'attendait à voir les grands changements issus du féminisme... Voilà que des anciennes stars de porno affirment elles aussi être féministes à leurs façons, qui en valent bien d'autres par ailleurs. Elles deviennent productrices, réalisatrices et bâtissent, elles aussi, leur petit empire[6]. Bien sûr que l'argent compte, ce sont des femmes d'affaires comme les autres.

En fait, le sexe est sans doute un des derniers domaines que les femmes avaient à conquérir. Cette conquête s'est faite en plusieurs phases ; l'avènement de la pilule anticonceptionnelle, le droit à l'avortement, l'affirmation de son homosexualité sont des étapes marquantes de l'émancipation des femmes. Même si toutes les lesbiennes ne peuvent afficher leur orientation sexuelle sans risquer de perdre leur emploi et l'estime de leur famille, elles peuvent du moins trouver du soutien professionnel auprès de groupes de défense des droits humains ou de centres de femmes, ce qui n'existait pas auparavant.

Qu'on le veuille ou non, la pornographie est un des nombreux aspects de la sexualité. Ce n'est pas le plus commun, mais la porno rapporte tout de même des milliards de dollars, et constitue donc l'un des marchés les plus florissants. Bref, elle est incontournable. Malgré ce qu'en pensent plusieurs, la porno est une forme de discours sur la sexualité. Ce n'est pas nécessairement un discours « savant », mais il mérite d'être considéré étant donné l'argent qu'il rapporte et la quantité de stéréotypes qu'il véhicule.

Des femmes pornographes, parfois ex-actrices, ex-danseuses nues ou ex-prostituées, veulent investir l'industrie, encore souterraine et inconnue du public : certaines la critiquent, d'autres la changent ; bref, elles veulent être partie prenante d'un monde qui les concerne. Ce ne sont pas toutes des samaritaines, mais si certaines veulent tout simplement gagner de l'argent (tant qu'à jouer dans un film porno, pourquoi ne pas empocher les profits ?), d'autres font des revendications plus spécifiques.

C'est le cas de Susie Bright, par exemple, qui dès son adolescence militait pour les droits des lesbiennes et des bisexuels. On l'appelle aux États-Unis « America's favorite X-rated intellectual[7] ». Fondatrice de la revue lesbienne *On Our Backs* (elle y travaille de 1984 à 1991) et auteure, Bright a participé à de nombreuses émissions télé (dont le fameux *Phil Donahue Show* en 1991), enseigne dans des universités (à UC Santa Cruz, entre autres) et donne régulièrement des conférences sur les thèmes de la sexualité, de l'homosexualité, de l'érotisme, de la répression, de la morale et de l'éducation sexuelle. Dans une entrevue qu'elle accordait en 1991 à la revue *Re/Search, Angry Women*, Bright déplorait que l'industrie de la pornographie « institutionnelle », évidemment plus masculine que féminine, fût très conservatrice et réfractaire à l'innovation : une fois que les pornographes ont trouvé une formule qui rapporte, pourquoi la changer[8] ?

Des nouveaux modèles

Dans *Sluts and Goddesses Video Workshops,* un vidéo réalisé en 1992, Annie Sprinkle met en scène des femmes fort différentes : Afro-Américaines, Asiatiques, maigres, grosses, femmes aux cheveux courts ou longs, maquillées ou non, habillées de cuir, féminines, masculines, etc. Elle veut donner d'autres modèles de femmes que ceux véhiculés par la pornographie « traditionnelle » (blonde et blanche à la poitrine hypertrophiée). Mais elle fait plus et parle aussi de pratiques sexuelles marginales, de sexualité interraciale (un des plus gros tabous aux États-Unis), d'homosexualité ; elle va jusqu'à mettre en scène le sadomasochisme, la masturbation, la sexualité de groupe, ou des jeux sur les stéréotypes.

Susie Bright, dans son spectacle donné au Sky Club à Montréal en 1993, présentait des scènes de séduction et déplorait dans ses monologues le fait que les partenaires ne sachent pas toujours ce qu'ils désirent, ou alors qu'ils le disent mal. Pour bon nombre d'hommes et de femmes, affirmait-elle, le sexe semble souvent un problème. Bright jouait allégrement sur les clichés du genre boa de plumes et sous-vêtements affriolants, et jamais personne dans la salle ne l'a trouvée « dégradante » pour les autres femmes. Pourtant, elle donnait souvent dans la vulgarité.

D'une certaine façon, en jouant avec les images traditionnelles et en en proposant d'autres, ces femmes reprennent à leur compte les stéréotypes des hommes. Et si on ne peut faire de généralisations sur la pornographie des femmes, on remarque tout de même qu'elles parlent des jeux de pouvoir : ce qu'elles montrent par ces images où les partenaires sont tour à tour dominés et dominateurs, c'est que l'on n'est pas obligée de se soumettre à une pratique que l'on n'aime pas. Que l'on peut dire non, que les femmes sont maîtresses de leur corps, même quand il est stéréotypé et sexué. Dans leurs productions, elles soulignent le fait que les femmes qui refusent un acte précis ne sont pas dénigrées, qu'elles sont souveraines quand il est question de *leur* corps.

Certaines vont plus loin, et évoquent des thèmes encore plus délicats, comme les fantasmes-limites qui font aussi partie de la sexualité de certaines femmes, tels le viol et le sadomasochisme. Au cours de ces performances, dont celle présentée à Montréal, Bright spécifiait toujours que ces fantasmes ne sont pas la « réalité ». Que cela n'a rien à voir avec le désir de se faire violer ou de se faire battre afin d'avoir du plaisir « pour de vrai ». Ce genre de sujet est toujours un problème lorsqu'il est évoqué par des femmes, et surtout, des pornographes : on dit qu'elles sont conditionnées, qu'elles ont absorbé les fantasmes masculins, etc.

Lorsqu'elle a commencé à réaliser elle-même ses films, Candide Royalle (ex-actrice de porno américaine qui possède aujourd'hui sa propre entreprise, Femme Productions) en avait assez des clichés et de l'image négative des femmes et de la sexualité dans l'industrie traditionnelle. Dans ses films, (érotiques pour certaines, pornographiques pour d'autres), la réalisatrice (qui est aussi membre de Feminists For Free Expression et de l'Association américaine des sexologues, éducateurs, consultants et cliniciens) met en scène le droit au plaisir et le pouvoir sexuel des femmes. Elle a également été l'une des premières personnes à s'indigner des actes sexuels non protégés pendant les tournages, et à exiger le port du condom lors des scènes qui le nécessitaient. Ces pratiques ne sont pas encouragées dans la porno courante, parce que ça fait moins « spontané », moins « vrai ». Le *Village Voice* publiait en 1993 un reportage sur les ravages des MTS et du sida dans les milieux de la pornographie et de la prostitution. Dans la porno féminine, la sexualité protégée fait presque toujours partie intégrante des jeux érotiques.

Dans l'entrevue qu'elle accordait à la revue *Gauntlet*[9], Royalle confie de quelle manière elle s'est rendu compte de ce qui n'allait pas dans la porno « courante » : « Un patron pour qui je travaillais comme réalisatrice me demandait d'inclure plus de scènes de sexe anal dans mes films. "Je sais qui regarde tes films, disait-il, ce sont des hommes qui veulent que leurs femmes fassent la même chose." En fait, il me demandait de faire mes films pour des hommes. »

Royalle a décidé de changer les règles du jeu. Elle porte un regard critique sur elle-même et sur la porno en général, mais, comme Susie Bright ou Annie Sprinkle, elle dénonce le fait que la société ne sait pas vivre avec la sexualité. « L'horreur que l'on voit dans certains films, c'est la honte que l'on éprouve pour le sexe », dit-elle.

La pornographie, par définition, est « crue ». Ce ne sont pas les quelques froufrous et soutiens-gorge sexy que portent les actrices qui en font nécessairement de l'érotisme. On y parle avant tout de sexe, et sans détour. Comme disent les amateurs de porno : « L'histoire, on s'en fout ! »

Pornographie et homosexualité

Avec l'arrêt Butler, la justice voulait montrer que la « dégradation » pouvait causer du tort aux femmes. Cela impliquait donc qu'on ne tenait pas compte de la pornographie produite par et pour les lesbiennes. Quoi qu'on dise, la communauté homosexuelle gaie et lesbienne est aussi diversifiée que le reste de la société, et des femmes qui en font partie créent aussi leur propre pornographie. Cela ne veut pas dire que tout ce qui traite du sexe dans le milieu gai soit pornographique. Il y a de tout, comme ailleurs.

Pour le gouvernement et les esprits conservateurs, même si des films ou des livres sont réalisés et écrits pour informer ou pour divertir la communauté lesbienne, il y a déjà soupçon d'obscénité. Il n'y a qu'à voir les listes de titres saisis par Douanes Canada pour s'en rendre compte. Par exemple, un vidéo destiné aux lesbiennes et intitulé *Current Flow,* montrant des pratiques sexuelles sécuritaires (le film provient d'un centre new-yorkais, le Gay Men Health Crisis, spécialisé dans la prévention du sida) a été l'objet d'un scandale à l'Université de Montréal en 1994 [10]. Des gens qui passaient par là ont été choqués par le vidéo qui montrait des scènes sexuelles entre femmes ; ce qui peut se comprendre quand on n'est pas au courant de la chose. Or, pour les gens du Triangle (association gaie de l'Université de Montréal), appelés à juger le vidéo, celui-ci n'était pas vu comme « pornographique » ; pour les services de sécurité, dépêchés sur les lieux (ils ont d'ailleurs coupé le courant électrique pour empêcher la diffusion, et même appelé la police de la CUM à leur rescousse !), la question ne se posait pas : c'était bel et bien pornographique.

Si l'on décide que la pornographie est nuisible aux femmes, comment juge-t-on celle qui est destinée aux lesbiennes ? Cette pornographie est faite par les femmes de la communauté. On y trouve donc les valeurs, les fantasmes, les préférences et les pratiques des lesbiennes. Il s'agit bien sûr d'images sexuellement explicites, mais qui diffèrent de la pornographie courante – toutefois, bien des notions, comme celles du pouvoir et de la domination, s'y trouvent aussi, mais explorées différemment. Ces images s'adressent à une communauté qui n'a ni les mêmes normes ni les mêmes valeurs que le reste de la société. La revue *Spin* (avril 1995) publiait l'an dernier un reportage sur le tournage d'un film porno à New York. *The Black Glove,* c'est le titre du film, était dirigé par une femme, Maria Beatty, qui a déjà travaillé avec d'autres femmes de l'industrie telles que Mary Magdalene Serra (*A Lot of Fun for the Evil One*) ou Annie Sprinkle (*Sluts and Goddesses Video Workshops*). Elle est aussi actrice et, dans le film, elle se fait attacher, fouetter, dominer par une autre femme. Là, personne n'est forcé, agressé, obligé de se soumettre à la violence, puisque c'est un jeu sexuel. On n'est pas obligé d'approuver les choix de ces femmes mais, visiblement, elles ne sont pas soumises. Au contraire. Elles le font pour s'exhiber, et pour gagner de l'argent.

Plusieurs femmes font dans la pornographie lesbienne, bien qu'elle soit encore très marginale. Des noms comme ceux de Dr Betty Dodson (qui explique la masturbation féminine dans le film *Selfloving*) et de Fanny Fatale (*How to Female Ejaculate*) commencent à circuler. Dans *Temptation,* Doris Kluster, une artiste travaillant à New York, a réalisé un «documentaire érotique» sur le thème très *in* du donjon et de la jeune princesse, en mettant en scène un homme qui sert de jouet sexuel à l'héroïne. Il serait très étonnant que l'on entende les féministes radicales dire que ce pauvre homme est la proie de l'industrie...

Si l'on ajoute aux productions pornographiques lesbiennes (ou hétérosexuelles mais faites par des femmes) la crédibilité d'intellectuelles telles que Sallie Tisdale (*Talk Dirty to Me*) ou Nadine Strossen (*Defending Pornography*), on se rend bien compte que le paysage de la pornographie, aujourd'hui, n'est plus le même. En fait, comme l'écrit la journaliste de *Spin,* Elizabeth Gilbert, « des centaines de femmes préfèrent modifier la pornographie, plutôt que de l'interdire ».

Autre exemple : Trish Thomas, une auteure de San Francisco, a publié dans *Bad Attitude,* une revue américaine lesbienne, une nouvelle intitulée *Wunna My Fantaisies,* dans laquelle la narratrice fantasme sur une autre femme. Considérée comme de la littérature érotique par certaines (on appelle ce genre « Lesbian Erotica »), pornographique par d'autres, le texte a été la cible de la censure au Canada. L'avocate de la défense, Clare Barclay, confiait à un journaliste du *New Yorker* (en octobre 1993, le procès ayant eu lieu en décembre 1992) qu'elle concevait cette saisie comme un acte « antiféministe ». En effet, si l'arrêt Butler veut protéger les femmes, pourquoi les censure-t-il ? Dans cet exemple, ce qui saute aux yeux, c'est que le gouvernement veut protéger les femmes du sexe, et non de la violence. Dans *Wunna My Fantaisies,* aucune femme n'était la cible d'une quelconque violence masculine ; le texte a pourtant été censuré. Dans cette affaire, le juge X. H. Paris a jugé que l'employée, la propriétaire du magasin, ainsi que le magasin lui-même étaient coupables d'enfreindre la loi sur l'obscénité. Pour justifier sa décision, il a cité de longs passages de l'arrêt Butler...

Alain Borovoy, conseiller général de l'Association canadienne des libertés civiles, déplore les conséquences du jugement Butler qui prétend que la pornographie peut porter préjudice aux femmes, « au lieu [de prouver] que des individus ont subi – dans la réalité – des préjudices ». C'est toute la question de l'image que l'on trouve ici : on imagine que les représentations sont la « réalité », alors que, dans la vie, les femmes sont encore et toujours victimes de violence sexuelle. Surréaliste...

Un autre discours sur la sexualité

En 1993, dans son spectacle présenté au Club Soda, Sprinkle dénonçait la façon dont on considère les prostituées et les femmes qui travaillent dans la porno. Elle ne ménageait pas les critiques à l'endroit des patrons de l'industrie et dénonçait la violence à laquelle est soumise la majeure partie des femmes dans ce milieu, que ce soit par leurs patrons ou par la police.

Quand les femmes parlent publiquement de sexualité, elles le font à leur manière. Il se peut qu'elles utilisent les mêmes stéréotypes (qu'ils soient vestimentaires, comportementaux ou autres) que les hommes. Mais qu'elles les dénoncent ou qu'elles en imposent de nouveaux importe peu : ce qui compte, c'est le droit des femmes à parler de sexualité.

Que ce soit aux États-Unis ou au Canada, la plupart de ces auteures, journalistes ou artistes se disent féministes. (Et, si elles ne l'étaient pas, cela ne changerait pas grand-chose.) Dans leur travail, elles renouvellent le discours féminin sur l'amour, sur la sexualité ou sur l'engagement social et la morale. Elles dénoncent les tabous, les préjugés, la discrimination et prennent position sur le plan politique : contre les campagnes anti-avortement, les compressions de budget quant aux maisons d'hébergement, la violence conjugale, l'homophobie, etc.

Toutes mettent l'accent sur l'aspect relationnel et spirituel de la sexualité, entre personnes de même sexe ou de sexes différents. Les notions de « chosification », de bourreau/victime, de soumission et de consentement sont largement abordées dans ces productions.

Qu'on le veuille ou non, le fait de discuter selon des points de vue féminins de ces concepts stéréotypés et de ces tabous séculaires contribue à renouveler les discours sociaux sur la sexualité. Cela aide à rompre le silence que les femmes ont trop longtemps gardé sur des sujets qui les concernent pourtant de près.

Que des femmes fassent de la pornographie est incompréhensible pour les féministes pro-censure. Elle disent que ces actrices, réalisatrices ou productrices sont tout simplement conditionnées, qu'elles ont absorbé le discours des hommes et qu'elles reproduisent les mêmes stéréotypes. Pour des féministes, elles ne laissent pas beaucoup de chance aux autres femmes d'être différentes. Nina Hartley, actrice américaine de films pornos, a d'ailleurs exprimé sa colère envers les féministes pro-censure. Hartley est une infirmière diplômée qui a préféré travailler dans le monde de la pornographie. Elle a publié en 1988 *Confessions of a feminist porn-star,* et, par la suite, de nombreux articles sur la pornographie et le féminisme[11]. Elle attaque ouvertement les féministes pro-censure qui, à son avis, reproduisent exactement les mêmes clichés que la société de l'époque victorienne. Hartley l'a exprimé notamment au cours d'un congrès du NOW (National Organization of Women) en 1991. Phillys Frank, alors co-présidente de la conférence, discutait de pornographie bien qu'elle n'ait parlé à aucune femme du milieu. Elle n'avait jamais rencontré d'actrices de porno, de prostituées ou de danseuses lorsqu'elle a fait son évaluation. Nina Hartley déplore ce genre de situation.

Une des conséquences de cette ignorance, c'est que les groupes tels que NOW ne parlent pas au nom de toutes les femmes. À qui s'adressent-ils ? En gros, à la classe moyenne américaine, qui a fait des études, bref à des « privilégiées » (le terme est fort, mais l'éducation est un privilège de nos jours, surtout aux États-Unis). Hartley se sentait « trahie » par les principes féministes qu'elle avait hérités d'une mère libérale et féministe, et qui avait foi dans le mouvement de libération des femmes.

En fait, le féminisme pro-censure considère toutes celles qui travaillent dans la porno, ou l'industrie du sexe en général, comme des femmes conditionnées, asservies, incapables de prendre leurs propres décisions. Finalement, ce féminisme infantilise les femmes : d'un côté, il y a celles qui « savent », de l'autre, celles qui, un jour peut-être, découvriront le chemin de l'égalité.

CHAPITRE VI

LES FEMMES CONTRE LES FEMMES

ou l'échec du féminisme

C E SONT SURTOUT les femmes gaies, celles de l'industrie du sexe, les artistes et quelques écrivaines qui ont dénoncé la censure par le biais de leurs spectacles, de leurs toiles, de leurs livres ou de leurs recours à la justice. Certaines intellectuelles, comme Marcia Pally ou Catherine Creede, avaient prévenu les groupes féministes du danger que représente le jugement de la Cour suprême dans l'affaire Butler : « Ceux qui ont accueilli avec scepticisme l'arrêt Butler craignaient que tout texte autorisant ce type de censure serait immédiatement utilisé contre la liberté d'expression de ceux qui se détachent de la norme, selon les critères adoptés par les autorités chargées de faire respecter les dispositions en question. [...] Mais dans le débat actuel, trop de femmes semblent vouloir tirer [d]es traits en sacrifiant le point de vue des lesbiennes et l'expression de leur sexualité au nom d'un vague et faible "mieux-être" collectif. Une telle attitude signifie que nous sacrifions la liberté pour laquelle nous toutes, en tant que féministes, nous luttons[1]. » Mais les féministes n'ont rien compris aux mises en garde. Lorsque la fréquence des saisies est devenue alarmante, ce sont avant tout des groupes d'écrivains comme le Pen Club et la Canadian Association of Writers qui se sont portés à la défense de Janine Fuller (directrice de la librairie Little Sister's) ; ce sont aussi des groupes qui n'ont rien à voir avec le féminisme qui ont été les premiers à dénoncer la censure (SansCensure, CensorStop). Il est inconcevable que les féministes ne se soient pas prononcées publiquement contre la censure. Elles auraient dû être les premières à dénoncer les abus et auraient dû, systématiquement, condamner la censure.

Pour le féminisme, délaisser les femmes marginales est la plus grande erreur. Dans l'histoire, le mouvement n'a pu s'épanouir que dans un contexte social qui favorisait la liberté. Si Denise Boucher a pu, en 1978, défier l'Église catholique lors de la création des *Fées ont soif*[2], ce n'est certainement pas par le biais des pouvoirs en place, mais bien grâce aux femmes qui ne toléraient aucune censure[3]. Des auteures comme France Théoret, Nicole Brossard, Madeleine Gagnon, Louky Bersianik et bien d'autres ont trouvé un immense appui dans le mouvement des femmes : elles ont enfin pu aborder des sujets tabous dans la société. Le sexe, l'amour entre femmes, la dénonciation du patriarcat, tous ces thèmes n'étaient pas particulièrement bienvenus.

Les féministes pro-censure oublient que c'est durant le siècle des Lumières, période où se sont multipliés les discours sur l'individualisme, le relativisme culturel, les pensées dissidentes, qu'est apparu un livre intitulé *Défense des droits de la femme*[4], un pilier de la littérature féministe ; elles ont sans doute également oublié que c'est à cette époque féconde en romans libertins et pornographiques que se sont dessinées les bases du mouvement des femmes... Ce sont les mêmes pouvoirs qui ont condamné la pornographie et le féminisme à travers l'histoire ; les lois sur l'obscénité ont toujours empêché les femmes d'avoir accès à leurs droits fondamentaux tels que, par exemple, les méthodes de contraception ou la prévention contre les maladies vénériennes. Ceux qui pensent que cette époque puritaine est chose du passé auront des surprises ; il suffit d'ouvrir le Code criminel du Canada, version 1995, pour s'en rendre compte : un article du projet de loi 163 sur les « infractions tendant à corrompre les mœurs » interdit l'obscénité et le droit à l'information sur les maladies transmises sexuellement[5]... Comment un article de loi peut-il concerner à la fois l'obscénité et la santé sexuelle ? C'est simple : par la présupposition que la sexualité *est* obscène. Le même article de loi interdit d'ailleurs de faire circuler des renseignements au sujet de l'avortement... Bref, on voit bien que la sexualité n'est pas encore devenue un facteur d'épanouissement personnel ; elle serait plutôt la cause de tous nos malheurs.

En laissant courir les clichés sur les femmes de l'industrie du sexe, des féministes à l'esprit étroit ont agi contre les principes du féminisme. En laissant se développer la haine et le mépris des femmes et du sexe, elles réactualisent le mythe de la bonne et de la mauvaise fille (*good girl/bad girl*). Or ce mythe a fait en sorte que, pendant longtemps, les femmes n'ont pu s'exprimer en public. Conséquences de ce mythe : en 1730, une comédienne célèbre, Adrienne Lecouvreur, devenue « femme publique », fut enterrée clandestinement sans aucun égard ; en 1995, le gouvernement argentin refuse que la chanteuse Madonna incarne Evita Perón au cinéma, parce qu'elle projette, selon lui, une image pornographique de la femme.

Un silence qui s'explique mal

Au lieu de soutenir les groupes de femmes marginaux, les féministes ont contribué, par leur silence, à les tenir à l'écart. Quand les groupes de danseuses nues, à Toronto ou à Montréal, ont dénoncé le harcèlement de la police et des clients dans le débat sur le *lap dancing,* elles parlaient d'un pouvoir sur leur propre corps ; celles qui voulaient pratiquer la danse contact n'ont rencontré que mépris ; celles qui ne le voulaient pas n'ont pu trouvé d'appuis. Les féministes n'auraient-elles pas dû réaffirmer qu'une femme a tous les droits sur son corps, comme elles l'avaient fait auparavant pour la contraception et l'avortement ?

Le principe du féminisme, c'est de promouvoir les femmes, leur parole, leurs visions des choses, en particulier quand elles ont des modes de vie *différents* et qu'elles veulent changer les règles du jeu. La liberté d'expression existe afin de garantir à tous ceux qui tiennent des discours marginaux qu'ils seront entendus. Que leurs propos trouveront le même espace que les discours communs. C'est l'ABC du féminisme. Comment peut-on alors laisser faire les censeurs ?

Depuis une dizaine d'années, il s'écrit beaucoup de livres et d'articles sur la sexualité et le féminisme. Plusieurs nouveaux noms sont apparus dans la littérature, universitaire ou non, pour remettre en question le mouvement féministe (non pas son existence, mais sa signification) et la représentation des femmes dans la culture et la politique. Le débat sur la pornographie a entraîné un grand nombre de femmes à prendre position sur le sujet. Dans leurs livres, elles abordent toutes sortes de thèmes : l'exploitation, l'amour, la contraception, l'orgasme, les pratiques sexuelles controversées, la sexualité protégée, le harcèlement sexuel, la prostitution, la pornographie, l'homosexualité, le droit, les hommes, l'éducation, l'érotisme, le pouvoir, etc. Les discours sur la sexualité prolifèrent depuis que le mouvement des femmes a décidé, il y a vingt ans, de parler ouvertement de sexe. En décembre 1995, le magazine féministe *Ms* faisait la une avec ce titre : *How Women Are Redefining Sexuality and Pleasure.* Pour les éditrices, il est clair que le féminisme a été à l'origine de nos changements d'attitudes envers la sexualité.

Cette abondance de propos et de discours prouve que le féminisme n'est pas uniquement voué à l'action sociale. Le mouvement doit continuer à faire valoir les discours pour évoluer. Les femmes doivent occuper l'espace public pour dénoncer les abus, condamner les pratiques discriminatoires, démythifier les tabous, défendre leurs intérêts et critiquer les pouvoirs. Au Québec, des événements comme la Marche des femmes contre la pauvreté « Du pain et des roses » en juin 1995 sont tout à fait admirables. Mais il manque un visage au mouvement : où sont les discours féministes différents quand on parle de sexualité, de sexe, de censure, d'éducation ou des lois ? C'est faux de penser que les discours ne servent à rien : ils aident à diffuser les idées, les nouvelles perspectives, les stratégies des femmes. Pour ça, il faut pouvoir continuer d'écrire, de lire, de regarder mots et images sans redouter la censure. Le débat sur la pornographie devrait au contraire redonner des forces, de la vigueur au mouvement des femmes. Avec la résurgence des groupes religieux, des valeurs familiales conventionnelles, de l'homophobie, de l'inégalité des sexes, des inégalités sociales, les femmes ont tout à gagner d'un mouvement ouvert et pluraliste.

Depuis une dizaine d'années, les féministes sont obsédées par le sexisme dans la publicité et les médias. Impossible de parler de pornographie et de censure sans entendre des commentaires paternalistes et moralisateurs. Un exemple : quand nous avons publié en mars 1993 dans *Voir* un reportage sur la censure, le rédacteur en chef du journal a reçu une charmante lettre de l'organisme MédiAction qui mettait en doute notre capacité de réfléchir. En voici un extrait : « Précisons que nous n'avons pas été convaincues de la valeur de vos articles simplement parce qu'ils ont été écrits par des femmes, c'est une tactique très souvent employée que d'utiliser des femmes qui ont intériorisé le discours antiféministe, pour l'appuyer [6]. » Un peu plus, et nous étions des désaxées. Selon ces féministes, il n'y a que leur manière de voir qui soit vraiment la bonne : vous ne dénoncez pas la méchante pornographie machiste, vous êtes vendue aux idées misogynes. Voilà tout.

En choisissant d'interdire, le féminisme laisse croire que les mentalités ne peuvent pas évoluer, que la seule façon de régler un problème de criminalité, c'est de répondre par l'intolérance... Ceci est particulièrement dommageable au mouvement. Si on donne pour excuse la dégradation de l'image des femmes pour interdire la pornographie, on ne fait que réactualiser les mythes et les tabous. Dans cette fin de siècle puritaine, ce serait encore aux femmes que reviendrait la tâche de ne pas exciter, séduire, agacer ? Sommes-nous les gardiennes de la morale ? Si, pour certains, la dégradation des femmes dans l'industrie du sexe entraîne nécessairement celle de la féminité et de toutes les femmes, il faudrait alors revoir nos définitions de la féminité. Pour nous, il ne va pas de soi qu'une femme est par nature réservée, modeste ou inhibée. Certaines sont extravagantes, impudiques, même indécentes : cela ne donne aucun droit sur elles. Le féminisme, s'il veut promouvoir l'expression des femmes, ne doit pas culpabiliser toutes celles qui sont représentées dans des contextes sexuels explicites.

Féminisme et conservatisme : même combat

En ce qui concerne la porno, les féministes radicales et les groupes de droite conservateurs s'entendent sur une chose : les deux disent vouloir à tout prix protéger les femmes de la violence. On les a vus main dans la main à plusieurs occasions : lors de la publication du rapport Fraser, en 1985 ; à Minneapolis pour le fameux projet de loi de MacKinnon et Dworkin, où les deux femmes en croisade agissaient à titre de consultantes pour les législateurs ; dans les comités de surveillance des médias, où l'on trouve tout un attirail de censeurs, des parents aux représentants de l'Église en passant par des féministes radicales [7]. Bref, pour éliminer la pornographie, des ennemis historiques travaillent côte à côte. Les féministes ont la mémoire courte... Il suffit d'ouvrir les livres d'histoire pour voir avec quelle hargne les bigots ont tout fait pour que les femmes retournent dans leurs foyers. Les gouvernements formés de conservateurs n'ont jamais aidé les femmes à s'exprimer, ils ne commenceront certes pas aujourd'hui.

Et d'ailleurs, que font les groupes conservateurs contre la violence ? Pourquoi, bien qu'ils affichent des idées de pureté et de sécurité pour tous, les gouvernements, tels ceux de l'Ontario ou des États-Unis, sabrent autant dans les programmes sociaux ? Pourquoi les femmes mono-parentales (et leurs enfants) sont-elles pénalisées ? Pourquoi les conservateurs disent-ils vouloir protéger les femmes, alors que ce sont eux qui bloquaient le projet de loi sur le contrôle des armes (c-68) au Canada ? Que veulent ces groupes au juste ? Au lieu d'agir concrètement sur les instruments de la criminalité (les armes, par exemple), ils forment des comités de surveillance des médias, contre la violence, contre le sexisme, et organisent des campagnes pro-censure. Les partisans de la nouvelle droite s'acharnent contre toutes les minorités qui transgressent les tabous et la morale; ils refusent les gais, les lesbiennes, les femmes qui affichent leur sexualité. Pour eux, la meilleure prévention contre la violence exige que les femmes restent à la maison. Beaucoup de féministes ont souligné à quel point la droite, que ce soit ici, en Angleterre ou aux États-Unis, a récupéré la rhétorique féministe contre la violence pour vendre aux femmes leur projet de censure. On a déjà vu des com-missaires conservateurs qui louaient les discours « élo-quents » et « émouvants » d'Andrea Dworkin contre la pornographie.

La bataille des féministes contre la pornographie n'est pas la même que celle des conservateurs. Le seuil de tolérance aux descriptions et aux images n'est pas le même, et les deux groupes ne dénoncent pas la même chose. Sauf qu'en exigeant la censure, les deux groupes provoquent le même phénomène : ils relèguent au domaine privé toute représentation de la sexualité et font des femmes les gardiennes de la morale. Mais si les féministes radicales obtenaient gain de cause et exerçaient une censure au nom de la protection des femmes, comment empêcheraient-elles l'attitude conservatrice des groupes de droite ? Est-ce ce qui explique leur silence, lorsque, en août 1995, l'Association des parents catholiques du Québec a voulu interdire deux romans pour la jeunesse[8] (censément pour protéger les jeunes d'une exposition trop précoce à la sexualité) ? De plus, comment justifieraient-elles la marginalisation des lesbiennes ? Comme l'a fait remarquer Wendy McElroy, journaliste et féministe, qui fera l'histoire de la communauté homosexuelle féminine (l'évolution du mouvement, l'acquisition des droits, les batailles juridiques, etc.) si ce ne sont pas les féministes ?

En appliquant la censure, les féministes pro-censure ne font pas disparaître la violence. Par contre, en ne se dissociant pas publiquement et clairement des idéologies conservatrices et puritaines, elles contribuent à faire du discours sur la sexualité un tabou. Quoi que disent nos féministes bien-pensantes, la pornographie fait partie d'un large discours sur la sexualité. Que ce soit *Deep Throat, Sex,* ou les aventures de *Hothead Peasant,* les images et les mots sont là pour être vus, entendus et ont droit au même espace public. De plus, censurer la pornographie au nom du féminisme, c'est adresser un drôle de message aux femmes de l'industrie. On leur dit au fond que le problème, ce n'est pas elles, mais leur job… C'est une attitude hypocrite. Si on soutient des femmes, on respecte leurs choix. Qu'arriverait-il aux actrices, aux productrices, aux réalisatrices si on éliminait la porno ? si toutes celles qui essaient de faire les choses autrement étaient systématiquement marginalisées par un féminisme frileux et timoré ? Il arriverait ce qui avait cours avant l'éclosion du féminisme dans les années 1970 : on ne connaissait des femmes dans la pornographie que ce que les hommes en montraient. Des soubrettes suédoises aux tigresses japonaises, pas de place pour d'autres modèles. En fait, nous retournerions à la case de départ.

Le féminisme radical voit la pornographie comme une affaire de classe sociale et étend sa vision des choses à toutes les femmes ; cette façon de penser est rétrograde. Les femmes ont évolué et le féminisme aussi. Il a progressé de telle sorte que, aujourd'hui, chaque femme se perçoit comme un individu. Ce n'est pas parce que d'autres femmes exposent leurs corps, même avec la plus grande impudeur, que nous devons nécessairement, par une espèce de sororité passéiste, nous sentir visées, insultées, humiliées.

La réalité n'est pas virtuelle

Comment vivaient les femmes avant l'invention du cinéma et de la vidéo ? Exerçaient-elles pleinement leurs libertés ? Il n'y a pas si longtemps, elles ne votaient pas, subissaient des violences conjugales sans oser les dénoncer, avaient besoin de la permission du père, du frère ou du mari pour sortir seules. On entend continuellement des femmes vivant dans des pays où la censure est exercée témoigner de la façon horrible dont elles sont traitées. Elles viennent d'Arabie Saoudite, d'Irak, d'Algérie, du Bangladesh ou d'ailleurs. Ces pays ne tolèrent pas l'exhibition sexuelle des femmes, encore moins la pornographie. Pourtant, pour beaucoup de femmes, il est interdit de fréquenter les universités, interdit de se vêtir à l'occidentale, interdit de sortir sans leur époux. Les exemples pullulent où l'absence de pornographie ne garantit absolument pas aux femmes leur autonomie ni leur sécurité. Dans ces pays, la censure existe sous toutes ses formes, et la seule chose que l'on permette aux femmes, c'est de se taire.

Tout le monde sait que la pornographie est l'illustration explicite de scènes sexuelles. Souvent, il s'agit de l'exploitation des corps, que ce soient des corps d'homme ou de femme. Mais « l'exploitation » du corps et de la psychologie de la femme se trouve dans des milliers d'images que nous renvoient le cinéma traditionnel, la publicité, la mode, l'industrie de la beauté. Qu'on pense aux pubs qui vendent des parfums, des voitures, des bijoux, des chaussures ou des collants : là aussi on ne voit que des fesses, des mains, des jambes ou des seins. Et puis ? Allons-nous mettre la clé dans une industrie qui fait travailler des millions de gens ? Est-ce qu'il ne vaut pas mieux influer sur les mentalités, faire de la sensibilisation, dénoncer les abus ?

Les femmes sont bien plus humiliées dans la réalité que dans la fiction : par exemple, le fait de ne pas obtenir un emploi parce qu'elles ont des enfants ; le fait d'être soumise à la violence d'un conjoint que la justice refuse de garder en prison bien qu'il ait proféré des menaces de mort ; le fait de ne pas recevoir de pension alimentaire, à moins d'engager un avocat à ses frais ; tout cela est bien plus rabaissant. La vie des femmes, c'est de devoir assumer à la fois un boulot mal payé, la charge d'une famille, et les préjugés quant à leurs qualifications pour des postes de pouvoir. C'est cela, la réalité. La pornographie n'a pas grand-chose à voir dans tout ça. Le rôle du féminisme, c'est d'abord de responsabiliser la société et les hommes quant à leurs attitudes envers les femmes.

La censure et le repli sur soi ont toujours nui aux femmes. En ce qui concerne la pornographie, le féminisme doit appuyer celles qui veulent faire partie de l'industrie ou qui tentent de proposer d'autres modèles. Il doit aussi laisser aux individus le choix de lire et de regarder ce qu'ils veulent. La liberté de choisir et l'autonomie : c'est exactement ce que le mouvement des femmes a toujours revendiqué.

NOTES

Chapitre 1 • *Les bons sentiments ou comment un juge de la Cour suprême s'est transformé en travailleur social*

1. Traduction tirée du compte rendu de l'arrêt Butler.
2. Le paragraphe 163 (8) du Code dit qu'est réputée obscène toute publication dont une caractéristique dominante est l'exploitation indue des choses sexuelles, ou des choses sexuelles et de l'un ou plusieurs des sujets suivants, à savoir : le crime, l'horreur, la cruauté et la violence.
3. Nous soulignons.
4. Rapport du Comité spécial d'étude de la pornographie et de la prostitution, *La pornographie et la prostitution au Canada,* Ottawa, ministère des Approvisionnements et des Services Canada, 1985, vol. 1, p. 58.
5. *Ibid.*
6. Burstyn, Varda (dir.), *Women against censorship,* Vancouver, Douglas and McIntyre, 1985.
7. 22 janvier 1993.
8. Fuller, Janine et Blackley, Stuart, *Restricted Entry : censorship on trial,* Press Gang publishers, Vancouver, 1995, p. 27.
9. Hunt, Lynn (dir.), *The Invention of Pornography : obscenity and the origins of modernity : 1500-1800,* New York, Zone Books, 1993, p. 54-55.

Chapitre 2 · *La censure de la pornographie : un débat qui n'en finit plus*

1. *The Invention of Pornography,* sous la direction de Lynn Hunt, p. 102.
2. Arcand, Bernard, *Le Jaguar et le Tamanoir. Vers le degré zéro de la pornographie,* Montréal, Boréal, 1991, p. 201.
3. *The Invention of Pornography,* sous la direction de Lynn Hunt, p. 118.
4. *Only Words,* p. 11.
5. *La Vie en rose,* nº 10, mars 1983, p. 4-5.
6. Carrier, Micheline, *La Pornographie : base idéologique de l'oppression des femmes,* Sillery, Publications Apostrophe, 1983, p. 19.
7. *Ibid.*
8. Busque, Ginette, Coderre, Cécile, Dominique, Noëlle, *La Pornographie décodée : information, analyse et pistes d'action,* Montréal, Fédération des Femmes du Québec, 1988, p. 40.
9. Rapport final du Comité canadien sur la violence faite aux femmes, *Un nouvel horizon : Éliminer la violence – Atteindre l'égalité,* ministère des Approvisionnements et des Services Canada, 1993, p. 56.

Chapitre 3 · *Violence et pornographie : sexe, mensonges et vidéo*

1. Morgan, Robin, *Going too far : the Personal Chronicle of a Feminist,* New York, Vintage Books, 1978.
2. *Sex Exposed, Sexuality and the Pornography Debate,* Éd. Lynne Segal et Mary McIntosh, Rutgers University Press, 1993.
   Take Back the Night : Women on Pornography, Éd. William Morrow & Company, New York, 1980.

3. Voir Lynne Segal dans *Sex Exposed*, et E. Donnerstein, *The Question of Pornography : Research Findings and Policy Implications*, New York, Free Press, 1987.

4. *Sex Exposed, Sexuality and the Pornography Debate*, Éd. Lynne Segal et Mary McIntosh, Rutgers University Press, 1993, p. 26.

5. *Ibid.*

6. *Rapport du Comité spécial d'étude de la pornographie et de la prostitution*, vol. 1, rapport Fraser, ministère des Approvisionnements et des Services Canada, 1985, p. 108.

7. *Forum des droits et libertés*, juin 1992, Vol. 16, n° 1, Publications du Québec, p. 17.

8. Regroupement des Calacs, *Les agressions sexuelles, ça suffit!*, mars 1993, p. 5.

9. Rapport final du Comité canadien sur la violence faite aux femmes, *Un nouvel horizon : Éliminer la violence – Atteindre l'égalité*, ministère des Approvisionnements et des Services Canada, 1993, p. 15-18.

10. Chiffres rapportés par l'Associated Press, Los Angeles, cités dans *La Presse*, 12 nov. 1994, page D9.

11. Mouvement contre le sexisme dans les médias, *L'Enfer du décor, le sexisme dans la publicité et les vidéoclips... porte ouverte sur la pornographie !*, Éditions de la paix, 1993, p. 47.

12. La Collective Par et Pour elle, *La Pornographie, cause importante de la violence envers les femmes*, rapport-synthèse, coéd. avec la CEQ, 1986, p. 43.

13. Mouvement contre le sexisme dans les médias, *op. cit.*, p. 44.

14. Auteure de *XXX, A Woman's Right to Pornography*, St-Martin's Press, New York, 1995. McElroy est aussi présidente de Feminists for Free Expression/Canada.

15. *Hour,* 10 novembre 1994, vol. 2, n° 41.
16. *Good Girls/Bad Girls, Sex Trade Workers and Feminists Face to Face,* The Women's Press, Toronto, 1987, p. 49.

Chapitre 4 • *La dégradation : promenade sur la Main*

1. *La Presse,* 17 juin 1993, p. B8.
2. *L'Envers de la nuit,* Éditions du remue-ménage, 1983. Trad. française de *Take Back the Night : Women on Pornography,* Éd. William Morrow & Company, 1980, p. 325.
3. Robertson, James, *Obscénité; la décision de la Cour Suprême du Canada dans l'affaire R. C. Butler, op. cit.,* p. 9.
4. *La Pornographie : analyse de la loi C-54,* Ottawa, Comité consultatif canadien sur la situation de la femme, 1988, p. 16.
5. Regroupement des Calacs, *Le Traitement judiciaire québécois des causes d'agressions sexuelles : entre le mythe et la réalité,* rapport d'analyse, 1993, p. 108, 126, 128.
6. *La Pornographie : analyse de la loi C-54,* Ottawa, Comité consultatif canadien sur la situation de la femme, 1988, p. 16. NB. Dans un avis émis par Tarif et Douanes Canada en 1993, pendant une saisie à la librairie Crosstown Traffic à Ottawa, on interdit l'entrée au Canada des magazines dépeignant, entre autres, « une femme enceinte dans un contexte sexuel » en vertu de la loi 163 du Code criminel. Source : document de travail, groupe SansCensure, Montréal.
7. Spectacle présenté au *Club Soda* de Montréal, en avril 1993.
8. *Journal de Montréal,* 28 avril 1993, p. 45.

9. *Le Devoir,* 6 mai 1993, p. B1.
10. *La Pornographie*: *analyse de la loi C-54,* Ottawa, Comité consultatif canadien sur la situation de la femme, 1988, p. 4.

Chapitre 5 • *La pornographie des femmes*

1. *Angry Women,* Éd. Re/Search, San Francisco, 1991, p. 23.
2. *Ibid.,* p. 41.
3. *Newsweek,* 31 janvier, 1994, p. 57.
4. Djikstra, Bram, *Les Idoles de la perversité,* Éd. du Seuil, 1993.
5. C'est ce que déplore Mariana Valeverde, dans *Good Girls/Bad Girls,* p. 30.
6. La compagnie de Candide Royalle, Femme Productions, est loin d'être un empire, mais c'est du moins elle qui dirige son entreprise, produit et réalise ses films.
7. Susie Bright a publié plusieurs livres. Entre autres, *Susie Sexpert's Lesbian Sex World* (1990), *Susie Bright's Sexual Reality* (1992) et *Sexwise,* paru au début de l'année 1995. (Tous chez Cleis Press.)
8. *Angry Women,* Éd. Re/Search, 1991, San Francisco, p. 207.
9. *Gauntlet, Exploring the limits of Free Expression,* vol. 1, 1993, p. 101.
10. *La Presse,* 17 mars 1994.
11. Hartley, Nina, «Confessions of a feminist porn star», dans *Sex Work*: *Writings in the Sex Industry,* London Virago, 1988.

Chapitre 6 • *Les femmes contre les femmes ou l'échec du féminisme*

1. Catherine Creede (dans la revue *Horizon,* 1992), citée par Jillian Riddington, *Document de recherche sur la pornographie présenté au Comité canadien sur la violence faite aux femmes,* août 1992.

2. Rappelons que la publication de la pièce a été censurée par la Cour supérieure du Québec en décembre 1978, à la suite des pressions des mouvements chrétiens, de l'Association des parents catholiques du Québec et du Cercle des fermières, entre autres groupes.

3. *Les Fées ont soif* a d'ailleurs été censurée par l'Église et par certains journaux lors de sa création.

4. De Mary Wollstonecraft, 1792.

5. L'article se lit comme suit : « Commet une infraction quiconque, selon le cas : d) annonce quelque moyen, indication, médicament, drogue ou article ayant pour objet, ou représenté comme un moyen de rétablir la virilité sexuelle, ou de guérir des maladies vénériennes ou maladies des organes génitaux, ou en publie une annonce. » Code criminel, 1995.

6. Extrait de la réponse de MédiAction à notre dossier sur la pornographie et la censure, avril 1993.

7. Le Mouvement contre le sexisme dans les médias était même situé dans les locaux du Diocèse de Québec, jusqu'en 1994.

8. Mémoire déposé par l'Association des parents catholiques du Québec aux États généraux sur l'éducation en 1995.

BIBLIOGRAPHIE

Revues et Documents

Busque, Ginette, Coderre, Cécile, Dominique, Noëlle, *La pornographie décodée*, Montréal, Fédération des femmes du Québec, 1988.

La Collective Par et Pour elle, *La Pornographie, cause importante de la violence envers les femmes*, rapport-synthèse, Québec, coéd. avec la CEQ, 1986.

Comité canadien sur la violence faite aux femmes, *Un nouvel horizon : Éliminer la violence – Atteindre l'égalité*, ministère des Approvisionnements et Services Canada, 1993.

Comité consultatif canadien sur la situation de la femme, *La Pornographie : analyse de la loi C-54*, Ottawa, CCCSF, 1988.

Comité spécial d'étude de la pornographie et de la prostitution, *La pornographie et la prostitution au Canada*, rapport, Ottawa, ministère des Approvisionnements et Services Canada, 1985.

Conseil du statut de la femme, *La pornographie et l'érotisation de la violence : questions entourant la revendication de mesures légales : document de travail*, Québec, Gouvernement du Québec, 1981.

Conseil du statut de la femme, *Pour que cesse l'inacceptable : avis sur la violence faite aux femmes*, Québec, Gouvernement du Québec, 1993.

L'Enfer du décor, « *Le sexisme dans la publicité et les vidéo-clips... porte ouverte sur la pornographie!* », Éditions de la paix, 1993.

Forum, Droits et libertés, Dossier : La Violence faite aux femmes, Bulletin de la Commission des droits de la personne du Québec, vol. 16, n° 1, juin 1993.

Gauntlet, Exploring the Limits of Free Expression, Porn in the USA, vol. 1, n° 5, Springfield, PA, 1993.

Index on Censorship, Sex and Violence, Women and Censorship in the USA, vol. 1, Londres, 1993.

Macdonald, Donald, Robertson, James R., *La pornographie*, Ottawa, Service de recherche de la bibliothèque du Parlement, 1984.

Ms. Hot Unscripted Sex, How Women Are Redefining Sexuality, vol. VI, n° 3, États-Unis, nov./déc., 1995.

Rao, Ramak, *An annotated bibliography on pornography : current literature : 1980-1986*, Monticello, Vance Bibliographies, 1987.

Riddington, Jillian, *Document de recherche sur la pornographie* présenté au Comité canadien sur la violence faite aux femmes, Colombie-Britannique, 1992.

Riddington, Jillian, for the executive of the National Action committee of the status of women, *Brief to the special committee on pornography and prostitution*, Toronto, National Action committee of the status of women, 1984.

Riddington, Jillian, for the executive of the National Action committee of the status of women, *Discussion paper on pornography*, Toronto, National Action committee of the status of women, 1983.

Robertson, James R., *Obscénité : La Décision de la Cour*

suprême du Canada dans l'Affaire R. C. Butler, Division du droit et du gouvernement, Service de recherche, Ottawa, Bibliothèque du parlement, mars 1992.

Le Traitement judiciaire québécois des causes d'agressions sexuelles : entre le mythe et la réalité, Rapport d'analyse, Regroupement québécois des centres d'aide et de lutte contre les agressions à caractère sexuel (CALACS), 1993.

Monographies

Arcand, Bernard, *Le Jaguar et le Tamanoir, Vers le degré zéro de la pornographie*, Montréal, Éd. du Boréal, 1990.

Assiter, Alison, *Pornography, feminism, and the individual*, London, Pluto Press, 1989.

Bell, Laurie (dir.), *Good Girls Bad Girls : Sex Trade Workers & Feminists Face to Face*, Toronto, The Women's Press, 1987.

Blackley, Stuart, Fuller, Janine, *Restricted Entry : censorship on trial*, Vancouver, Press Gang Publishers, 1995.

Burstyn, Varda (dir.), *Women against censorship*, Vancouver, Douglas & McIntyre, 1985.

Carrier, Micheline, *La danse macabre : violence et pornographie*, Sillery, Publications Apostrophe, 1984.

Carrier, Micheline, *La pornographie : base idéologique de l'oppression des femmes*, Sillery, Publications Apostrophe, 1983.

Caught Looking, Feminism, Pornography and Censorship, collectif, New York, LongRiver Books, 1992.

Copp, David, Wendell, Susan, (dir.), *Pornography and censorship*, Buffalo, Promotheus Books, 1983.

Cragg, Wesley (dir.), *Censure et pornographie*, Montréal, Toronto, McGraw-Hill, 1990.

Djikstra, Bram, *Les Idoles de la perversité*, Paris, Éd. du Seuil, 1992.

L'Envers de la nuit, Les Femmes contre la pornographie, Montréal, Les éditions du Remue-Ménage, 1983.

Hunt, Lynn (dir.), *The Invention of pornography : obscenity and the origins of modernity : 1500-1800*, New York, Zone Books, 1993.

Kendrick, Walter M., *The Secret Museum : pornography in modern culture*, New York, Viking, 1987.

Lacombe, Dany, *Blue Politics : Pornography and the Law in the Age of Feminism*, Toronto, University of Toronto Press, 1994.

Linz, Daniel, Malamuth, Neil, *Pornography*, Newsbury Park, Sage, 1993.

MacKinnon, Catharine A., *Only Words*, Harvard University Press, 1993.

Malamuth, Neil M., Donnerstein, Edward, (dir.), *Pornography and sexual agression*, Orlando, Academic Press, 1984.

McElroy, Wendy, *XXX A Woman's Right to Pornography*, New York, St-Martins Press, 1995.

Segal, Lynne, McIntosh, Mary, (dir.), *Sex Exposed : Sexuality and the Pornography Debate*, New Jersey, Rutgers University Press, 1993.

TABLE DES MATIÈRES

MISE EN PAGES ET TYPOGRAPHIE :
LES ÉDITIONS DU BORÉAL

ACHEVÉ D'IMPRIMER EN AVRIL 1996
SUR LES PRESSES
DE AGMV, À CAP-SAINT-IGNACE (QUÉBEC).